中国区域教育发展战略规划研究

郭丛斌　方晨晨 ◎ 著

图书在版编目 (CIP) 数据

中国区域教育发展战略规划研究 / 郭丛斌，方晨晨著. — 北京：北京大学出版社，2023.10

ISBN 978-7-301-34396-8

Ⅰ.①中… Ⅱ.①郭…②方… Ⅲ.①地方教育-发展战略-研究-中国 Ⅳ.①G527

中国国家版本馆 CIP 数据核字（2023）第 168170 号

书　　　名	中国区域教育发展战略规划研究 ZHONGGUO QUYU JIAOYU FAZHAN ZHANLÜE GUIHUA YANJIU
著作责任者	郭丛斌　方晨晨　著
责 任 编 辑	刘　军
标 准 书 号	ISBN 978-7-301-34396-8
出 版 发 行	北京大学出版社
地　　　址	北京市海淀区成府路 205 号　100871
网　　　址	http://www.pup.cn　　新浪微博：@北京大学出版社
微信公众号	通识书苑（微信号：sartspku） 科学元典（微信号：kexueyuandian）
电 子 邮 箱	编辑部 jyzx@pup.cn　　总编室 zpup@pup.cn
电　　　话	邮购部 010-62752015　发行部 010-62750672 编辑部 010-62753056
印 刷 者	大厂回族自治县彩虹印刷有限公司
经 销 者	新华书店
	650 毫米 ×980 毫米　16 开本　14 印张　270 千字 2023 年 10 月第 1 版　2023 年 10 月第 1 次印刷
定　　　价	88.00 元

未经许可，不得以任何方式复制或抄袭本书之部分或全部内容。
版权所有，侵权必究
举报电话：010-62752024　电子邮箱：fd@pup.cn
图书如有印装质量问题，请与出版部联系，电话：010-62756370

序　言

　　2022年10月,党的二十大报告明确指出要促进区域协调发展,深入实施区域协调发展战略、区域重大战略。理顺区域发展思路,历来是应对当代中国社会发展不平衡对中国式现代化进程影响的必然抉择[1]。中国作为一个经济迅速发展和快速转型的国家,在跨世纪战略发展过程中遇到了大量的区域问题[2]。经济决定教育,教育对经济具有能动作用[3]。经济发展过程中的区域协同发展问题,必然会对区域教育发展产生重要影响,剖析当代中国区域教育发展问题,对促进各区域教育与经济社会的协同发展无疑具有深远意义。中华人民共和国成立以来,教育大国崛起的宏大叙事将区域教育发展战略研究推向了一个非常有利的时期。党的二十大报告明确提出了"坚持以人民为中心发展教育,加快建设高质量教育体系,发展素质教育,促进教育公平"和"优化区域教育资源配置"的政策导向和重点要求。对照我国经济高质量发展所遵循的建设现代化经济体系、加强区域协调发展的路径要求,建设高质量教育体系必然要高度关注各区域教育发展的协同。然而,当前我国区域教育资源配置仍不够均衡,城乡教育差距仍亟待缩小,教育创新与服务区域发展的潜力尚未充分释放,区域教育资源配置同人民群众对高质量教育体系的需求相比还有很大差距。教育等服务产业部门资源配置的不均衡已经成为制约我国经济

---

[1] 厉以宁.区域发展新思路:中国社会发展不平衡对现代化进程的影响与对策[M].北京:经济日报出版社,2000.

[2] 陈淮.中国80年代以来区域经济发展战略的回顾与前瞻[J].经济问题,1996(05):8-12+62.

[3] 王善迈.马克思恩格斯的教育经济思想[J].中国高等教育,2018(19):14-16.

增长与整体协调改革的重大体制机制障碍①。这要求我们进一步做好区域经济发展非均衡视野下的教育高质量发展战略的相关研究。

自20世纪80年代中后期开始,随着"非均衡发展战略"的实施,我国区域经济在整个现代化建设中的地位不断提高,呈现出整体化、综合化发展的趋势。社会主义市场经济体制的建立,进一步强化了我国区域经济非均衡化的格局。区域经济非均衡发展可能带来区域教育经费投入、人才培养、教育公平等多方面的显著差异②③④。内生经济增长理论认为,人力资本通过影响技术创新和传播间接贡献于经济增长,人力资本积累作为区域经济增长的最重要因素之一,成为区域高质量经济增长循环的基点⑤⑥。放眼全球,落后国家(地区)奋力赶超先进国家(地区)的成功经验表明,人力资本积累是经济快速发展的先导。因此,面向2035中国要实现教育强国的宏伟目标,必须坚持"人力资源是中国持续发展的第一资源"的战略选择,同时要兼顾不同区域教育与人力资源开发等问题。那么,当前我国各区域究竟如何在尊重经济增长非均衡的既定事实基础上,选择适切的发展战略,以教育现代化支撑与驱动中国式现代化,绘就我国教育现代化所提出的建设高质量教育体系的愿景?

本书旨在为面向2035分析不同区域教育发展战略提供一个新的理论分析框架,以期回应上述重大宏观教育发展政策议题。全书主要以京津冀、长三角、粤港澳、东北三省、西部地区、海南自贸港等六大区域的教育发展为研究对象,通过分析该六大区域教育发展现状、国际比较、战略

---

① 郭树清.推动区域协调发展[J].山东经济战略研究,2015(11):6—9.
② 何艳,刘娟娟,He,等.中国教育经费与地区经济的非均衡性研究[J].国家教育行政学院学报,2014,05:75—80.
③ 李常香,陈敬良.高等教育人才培养与区域经济发展协调性的非均衡分析[J].辽宁教育研究,2005,(007):23—25.
④ 陈珍国.重构教育公平形态 实现教育均衡发展[J].教育发展研究,2006(13):24—27.
⑤ 刘海英.人力资本"均化"与中国经济增长质量关系研究[J].管理世界,2004(11):15—21.
⑥ 钱晓烨,迟巍,黎波.人力资本对我国区域创新及经济增长的影响:基于空间计量的实证研究[J].数量经济技术经济研究,2010(04):108—122.

选择及其同经济社会发展的协同性等问题,提出六大区域教育发展战略的若干政策建议。事实上,随着长三角一体化的深入推进,以及海南国际教育创新岛建设、粤港澳大湾区建设等区域发展战略的深入实施,跨区域的教育协作越来越成为推进区域高质量教育体系的强大动力。2019年六大区域覆盖了全国24个省、自治区、直辖市,三分之二的人口以及七成左右的GDP,研究六大区域教育发展战略,对我国高质量教育体系建设具有重要的指导意义。

本书依据官方发布的2013—2019年各区域的数据,对京津冀、长三角、粤港澳、东北三省、西部地区和海南自贸港进行比较分析,系统地研究区域教育与社会经济发展的关系。其中,京津冀数据主要来源于河北、北京、天津,即一省两市;长三角数据主要来源于江苏、浙江、安徽和上海,即三省一市;粤港澳数据主要来源于广东省;东北三省数据主要来源于辽宁、吉林、黑龙江三省;西部地区数据主要来源于重庆、四川、陕西、云南、贵州、广西六个西南地区省(自治区、直辖市)和甘肃、青海、宁夏、西藏、新疆、内蒙古六个西北地区省(自治区);海南自贸港数据主要来源于海南省。

具体而言,全书逻辑结构如下:一,对六大区域教育发展现状进行回顾,总结区域教育发展的优势与特色,剖析存在的问题与不足;二,立足世界和全国两大背景审视区域教育与社会经济发展问题;三,将教育发展同区域经济、人口和社会发展状况相对照,明确区域社会经济发展对教育的需求;四,与其他区域教育发展做横向比较,明确自身所处的时代方位及其改进的方向。在行文布局上,首先论述京津冀、长三角、粤港澳、东北三省、西部地区和海南自贸港各区域教育发展战略定位;其次,梳理世界三大湾区、芬兰、德国、新加坡等区域和国家的教育发展理念和经验,为我国区域教育发展战略提供思路;再次,呈现不同区域各级各类教育与社会经济发展的协同性关系;复次,建立计量模型探讨教育财政投入努力程度及匹配度;最后,立足前期政策梳理与实证分析总结六大区域的教育发展战略。

目 录

第一章　六大区域教育发展战略定位概述 ……………………………… 1
  第一节　京津冀区域教育发展战略：进一步推进协同发展 ……… 3
  第二节　长三角区域教育发展战略：进一步提高一体化水平 …… 6
  第三节　粤港澳教育发展战略：以高等教育助推湾区
          高质量发展 ……………………………………………… 10
  第四节　东北三省教育发展战略：以职业教育带动东北振兴 …… 13
  第五节　西部地区教育发展战略：以提升基础教育质量
          为重点 …………………………………………………… 16
  第六节　海南省教育发展战略：进一步提升国际化水平 ………… 19

第二章　国际区域教育发展经验 ………………………………………… 25
  第一节　高等教育：三大湾区大学集群 ……………………………… 27
  第二节　职业教育：德国 ……………………………………………… 30
  第三节　基础教育：芬兰 ……………………………………………… 33
  第四节　国际教育枢纽：新加坡和马来西亚 ………………………… 36
  第五节　总结与启示 …………………………………………………… 39

第三章　六大区域各级各类教育发展现状 ……………………………… 45
  第一节　六大区域学前教育发展现状 ………………………………… 47
  第二节　六大区域小学教育发展现状 ………………………………… 55
  第三节　六大区域初中教育发展现状 ………………………………… 62
  第四节　六大区域普通高中教育发展现状 …………………………… 69

第五节 六大区域中等职业教育发展现状 …………………… 83
  第六节 六大区域高等教育发展现状 …………………… 96
  第七节 六大区域各级各类教育比较 …………………… 105

第四章 六大区域教育与社会经济发展水平的协同性研究 ……… 111
  第一节 相关变量解释说明 …………………………………… 113
  第二节 六大区域教育与社会综合发展水平的协同性 ……… 121
  第三节 六大区域教育与社会发展水平五项分指标的协同性
       …………………………………………………………… 128
  第四节 六大区域教育与经济发展水平的协同性分析 ……… 146
  第五节 本章小结 ……………………………………………… 154

第五章 六大区域教育财政投入努力程度及匹配度研究 ………… 157
  第一节 研究设计 ……………………………………………… 159
  第二节 六大区域教育财政投入努力程度及供给匹配度 …… 166
  第三节 本章小结 ……………………………………………… 181

第六章 六大区域教育发展战略思考 ……………………………… 185
  第一节 京津冀:深化教育协同发展合作 …………………… 187
  第二节 长三角:以教育高质量一体化加快推进教育现代化 … 190
  第三节 海南自贸港:建设国际化教育示范区 ……………… 192
  第四节 东北三省:加快构建现代化职业教育体系 ………… 195
  第五节 粤港澳:以高等教育助推大湾区高质量发展 ……… 197
  第六节 西部地区:加强基础教育优质均衡发展 …………… 199

附 录 …………………………………………………………………… 203

第一章
六大区域教育发展战略定位概述

第一章　六大区域教育发展战略定位概述

当前我国决胜全面建成小康社会取得了决定性成就,而区域发展不平衡不充分的问题依然比较突出。教育在提高人力资源供给水平和促进科技创新等方面起着重要作用,对区域社会经济发展具有深远影响。因此,在新发展阶段更应立足服务国家区域发展战略,优化区域教育资源配置,加快形成点线面结合、东中西呼应的教育发展空间格局,提升教育服务区域发展战略水平。[1] 为促进各区域教育事业快速高质量发展,国家先后出台了一系列支撑区域社会经济高质量发展的战略目标和国家政策。本章主要从区域社会整体发展目标和区域教育发展目标等方面分别梳理我国六大代表性区域的战略定位,以期为教育对区域发展服务能力的提升提供对策建议。

第一节　京津冀区域教育发展战略:
进一步推进协同发展

作为国家宏观发展战略之一,京津冀协同发展的核心是北京、天津和河北三地作为一个整体协同发展,并以疏解非首都核心功能、解决北京"大城市病"为基本出发点,通过调整优化城市布局和空间结构,努力形成京津冀目标同向、措施一体的协同发展、优势互补、互利共赢的新格局。为此,北京、天津和河北始终坚持京津冀区域整体发展目标,加快京津冀优势互补和体制机制创新,并继续以教育为切入点进一步推进三地之间协同发展与合作。

一、京津冀区域发展进程

从历史和地理角度上看,京津冀区域自元代以来就是一个联系密切的城市群,相对独立又相互依存地共同发展。20世纪80年代中期,国家

---

[1] 习近平:在教育文化卫生体育领域专家代表座谈会上的讲话[EB/OL].(2020-09-22)[2022-11-13]. http://www.xinhuanet.com/politics/leaders/c_1126527570.htm.

计划委员会和北京市计划委员会提出关于京津冀区域一体化的相关构想——"首都经济圈",而后党中央、国务院批准了《北京市建设总体规划方案》,成立了首都规划建设委员会,确定了北京城市建设的发展方向和建设方向,在组织领导、方针政策等诸多方面,为实施总体规划提供了坚实保障。"首都圈"主要由内圈和外圈组成,其中内圈由北京、天津两直辖市和河北省唐山、廊坊和秦皇岛三个地级市组成,外圈包括河北承德、张家口、保定和沧州四个地级市。1986年环渤海圈的概念开始形成。"八五"时期开始提出京津冀地区产业发展生产力布局相关实施方案,对京津冀地区的产业发展进行了分工。1996年河北省提出"两环开放带动战略"进一步发挥河北环抱京津、濒临渤海的区位优势。

进入21世纪后,京津冀区域一体化发展相关研究开始日益增多。吴良镛院士及其团队先后于2002、2006和2013年出版了一期、二期和三期《京津冀地区城乡空间发展规划研究报告》[1][2][3],提出"首都地区"的观念,构筑"一轴三带"的空间骨架。以京津两大城市为核心的京津走廊,充分发挥天津滨海新区的作用,与北京共同建设世界城市地区。2004年北京市发改委提出"3+2"首都经济圈及"一轴、两核、三区"为框架的发展战略构想,京津冀都市圈作为环渤海经济圈的核心部分,逐步成为21世纪带动我国区域经济增长的"第三极",推动京津冀协同发展逐步上升为重要的国家发展战略。区域经济文化发展与教育发展密切相关,因此京津冀一体化发展给京津冀地区教育的发展带来了机遇和挑战。

二、京津冀区域社会发展战略目标

尽管目前京津冀三地的经济发展水平不一、产业结构各异,但京津冀

---

[1] 吴良镛.京津冀地区城乡空间发展规划研究一期报告[M].北京:清华大学出版社,2002.

[2] 吴良镛.京津冀地区城乡空间发展规划研究二期报告[M].北京:清华大学出版社,2006.

[3] 吴良镛.京津冀地区城乡空间发展规划研究三期报告[M].北京:清华大学出版社,2013.

地缘相接、人缘相亲、地域一体、文化一脉、历史渊源深厚、交往半径相宜，完全能够相互融合、协同发展。① 此外，为了打造新的首都经济圈、促进环渤海经济区建设、带动北方腹地发展，也需要全力推进京津冀区域发展的体制机制创新。因此，自2014年以来，党中央、国务院一直主导京津冀发展战略的顶层设计，强调北京、天津和河北按照区域一体原则，优先推动区域基础设施一体化和大气污染联防联控，联动实现产业结构优化升级和创新驱动发展。

2015年，中共中央政治局审议通过《京津冀协同发展规划纲要》，进一步明确了京津冀协同发展战略的总体方针。其中，战略的核心是要有序疏解北京的非首都功能，调整空间结构和经济结构，走出一条内涵集约发展的新路子，探索出一种人口经济密集地区优化开发的模式，促进区域协调发展，形成新增长极。② 此外，规划纲要还对未来京津冀整体发展和三地自主发展设置了明确的战略定位，如京津冀整体功能定位是形成"以首都为核心的世界级城市群、区域整体协同发展改革引领区、全国创新驱动经济增长新引擎、生态修复环境改善示范区"，而北京、天津和河北的功能定位分别为"全国政治中心、文化中心、国际交往中心、科技创新中心"、"全国先进制造研发基地、北方国际航运核心区、金融创新运营示范区、改革开放先行区"以及"全国现代商贸物流重要基地、产业转型升级试验区、新型城镇化与城乡统筹示范区、京津冀生态环境支撑区"。总体上，该规划不仅体现了三省市各自特色和区域优势，还从战略上保证了京津冀整体的协同发展和功能互补。

三、京津冀区域教育发展战略目标

京津冀地区的协调发展必然要求三地全方位、宽领域地开展协助和互补，从而有力保障区域发展的整体性和实效性，进而有序疏解北京非首

---

① 魏和平,伏蓉.应用"三个课堂"助力教育优质均衡发展研究：基于甘肃省天祝藏族自治县的实践探索[J].中国电化教育,2022(02)：15—20.
② 裴丹,赵蓓蓓.北京奥运会促进了京津融合吗？[J].当代经理人,2021(01)：36—42.

都功能和解决北京"大城市病"。教育领域作为区域社会发展的切入点和突破口,不仅有助于提高地区人力资源供给水平,还在引领和支撑区域科技创新中发挥巨大作用。与此同时,区域经济发展也能为教育发展提供良好的外部环境。因此,当前推进京津冀区域协同发展的首要任务是要实现三地教育领域的联动、整合和互补,并在此基础上出台助力京津冀区域教育协同发展的相关政策,以进一步明确战略目标和总体方针。为此,2019年1月,北京市教委、天津市教委、河北省教育厅联合印发了《京津冀教育协同发展行动计划(2018—2020年)》,明确提出要高水平配置北京城市副中心教育资源,全力支持雄安新区建设,完善津冀教育承接平台,优化提升教育功能布局,推动基础教育优质发展,加快职业教育融合发展,推动高等教育创新发展。2019年9月,北京市委、市政府发布了《首都教育现代化2035》,提出要疏解非首都功能,推进北京城市副中心教育的规划、建设和发展,并整体提升京津冀教育协同发展水平,全力支持河北雄安新区教育发展,促进京津冀区域基础教育优质发展,加快京津冀区域职业教育融合发展,并推动京津冀地区高等教育创新发展。①

第二节 长三角区域教育发展战略: 进一步提高一体化水平

长江三角洲地区是中国经济发展最活跃的区域之一,积极推动长三角一体化发展,增强区域创新能力和竞争能力,提高经济集聚度、区域连接性和政策协同效率,对引领全国高质量发展、建设现代化经济体系意义

---

① 中国教育报.京津冀教育协同发展行动计划发布[EB/OL].(2019−01−24)[2023−06−12]. http://www.moe.gov.cn/jyb_xwfb/moe_2082/zl_2018n/2018_zl15/201901/t20190124_367949.html.

非凡。① 其中,长三角区域教育一体化发展战略对区域社会整体发展目标的实现尤为关键,因为教育的一体化发展不仅有利于为上海、江苏、浙江和安徽经济社会发展和产业转型升级提供人才支撑和智力支持,还会加快实现长三角区域在我国新一轮改革开放中的龙头示范作用。

一、长三角区域发展进程

长三角合作发展最早的政策机构雏形可追溯到1982年,国务院印发《关于成立上海经济区和山西能源基地规划办公室的通知》,划定以上海为中心,苏州、无锡、常州、南通、杭州、嘉兴、湖州、宁波、绍兴共10市为"上海经济区",这是我国改革开放后第一个跨省经济区。1985年,国务院又增设长三角地区为我国新的沿海经济开发区,推出一系列措施打破"条块分割"式的经济管理体制。② 1985年至1988年,在上海经济区规划办公室的主持下,制订多项规划和各产业发展战略,探索省市长联席会议机制,带动江浙区域与上海企业的技术交流,江浙沪区域"横向联合"不断加强,尤其是江浙地区乡镇和民营企业活力被不断激发,发展迅猛。1992年,上海市提出以浦东开发开放为突破口的战略思路,并获批设立浦东开发区,实行经济特区和经济技术开发区政策。党的十四大将其作为长三角和长江流域经济发展的重要战略,14个城市进入长三角规划,并成立长三角14城市协作办(委)主任联席会。1997年泰州加入,"长江三角洲城市经济协调会"形成,启动长三角城市经济协调会第一次市长联席会议。浦东开发全面推进后,吸收外资金额迅速增长。

我国加入世贸组织后,经济全球化带来的外资引入为加快长三角经济一体化进程注入新的活力,江浙沪积极开展经济合作与发展座谈会,达成合作共识,充分发挥各自区位优势和劳动力优势,全方位联动,从制度、

---

① 杨智勇,谢雨欣.基于协同理论的档案信息服务模式研究[J].档案管理,2022(01):25−29.

② 马仁锋.长江三角洲区域一体化政策供给及反思[J].学术论坛,2019,42(05):114−123.

交通、行业、学术等众多方面密切合作,打造区域整体优势,联动发展。2008年,国务院发布《关于进一步推进长江三角洲地区改革开放和经济社会发展的指导意见》,长三角一体化发展上升为国家战略决策。2007年《长江三角洲城镇群规划》将包括安徽部分城市在内的23市纳入[①],2008年安徽省开始出席长三角地区主要领导座谈会,长三角区域首次拓展至"三省一市"。2016年国家发展和改革委员会、住房和城乡建设部印发关于《长江三角洲城市群发展规划(发改规划〔2016〕1176号)》的通知,明确要求上海、江苏、浙江、安徽人民政府切实加强对《规划》实施的组织领导,健全协作机制联动发展[②]。2018年11月5日,习近平总书记在首届中国国际进口博览会上宣布,支持长江三角洲区域一体化发展并上升为国家战略。2019年12月1日,中共中央、国务院印发《长江三角洲区域一体化发展规划纲要》,提出以上海、江苏、浙江、安徽三省一市的27个城市为中心区,辐射带动长三角地区高质量发展,并以此引领全国高质量发展。[③]

二、长三角区域社会发展战略目标

2018年4月,习近平总书记做出重要批示,要求上海进一步发挥龙头带动作用,苏浙皖各扬所长,使长三角地区实现更高质量的一体化发展。至此,长三角区域一体化发展成为各界共识。为进一步提升长江三角洲地区的整体实力和国际竞争力,2019年12月,中共中央、国务院印发《长江三角洲区域一体化发展规划纲要》,长江三角洲区域一体化发展由此上升为国家战略,并且该规划指出长三角地区要准确把握"一极三区

---

① 刘曙华,沈玉芳.长江三角洲经济区扩容探析[J].地理与地理信息科学,2010,26(005):44-47.
② 国家发展和改革委员会,住房和城乡建设部.关于印发长江三角洲城市群发展规划的通知.[EB/OL].(2021-04-26)[2022-11-13]. https://www.ndrc.gov.cn/xxgk/zcfb/ghwb/201606/t20160603_962187.html.
③ 施南奇.长三角高等职业教育协同发展态势及政策研究[J].江苏高职教育,2021,21(04):31-37.

一高地"的战略定位。其中,"一极"是全国发展强劲活跃增长极,如提升长三角地区全球资源配置的参与和竞争能力,增强对我国经济发展的影响力、带动力和经济增长贡献率;"三区"分别指全国高质量发展样板区、率先基本实现现代化引领区和区域一体化发展示范区,具体要求长三角在推动高质量发展、建设现代化经济体系、促进区域一体化发展方面要当好排头兵,先行先试,为全国其他地区作出榜样、树立标杆;"一高地"则是指新时代改革开放新高地,即要求长三角进一步加快落实各类改革试点举措,集中落实、率先突破和形成系统集成,以更大力度推进全方位开放,打造新时代改革开放新高地。①

三、长三角区域教育发展战略目标

区域经济实力既是区域教育发展的支持力,也是推动力。日趋成熟的长三角区域经济一体化在很大程度上赋予了该地区教育区域合作的重要使命,也为其创造了良好条件。在过去三十年里,长三角区域经济一体化始终决定着教育一体化的发展趋向,而长三角区域教育一体化发展提高了区域教育的整体竞争力和影响力,同时推动了教育与区域经济社会发展同频共振良好局面的形成。当前长三角地区经济总量占全国的1/4左右,在世界经济版图中也赢得了一席之地,长三角地区城市群已跻身六大世界级城市群,因而长三角区域经济一体化为教育一体化提供了良好契机。与此同时,长三角实施教育一体化的一系列探索也为区域社会经济发展带来了新的突破。

2014年6月教育部出台了《关于进一步推进长江三角洲地区教育改革与合作发展的指导意见》,提出要着力深化教育领域综合改革,建立健全区域教育合作发展的体制和机制,在管理体制、办学体制、人才培养模式改革以及区域教育一体化建设等方面率先探索,提升区域教育的整体水平,努力构建具有区域特点、中国特色、世界水平的区域教育体系,努力

---

① 新华社.中共中央、国务院印发《长江三角洲区域一体化发展规划纲要》[EB/OL].(2019-12-01)[2023-06-12]. https://www.gov.cn/zhengce/2019-12/01/content_5457442.htm.

赶超发达国家教育发展水平,打造亚太地区教育高地,为长三角地区经济社会发展和产业转型升级提供人才支撑和智力支持。①

2018年12月,江苏、浙江、安徽、上海三省一市共同签署了《长三角地区教育更高质量一体化发展战略协作框架协议》,提出到2020年,长三角地区基本形成富有效率、更加开放、联动发展的教育更高质量一体化发展机制,积极将优质教育资源向长江经济带乃至中西部地区辐射,为全国其他区域教育合作提供示范,服务国家发展大局。到2025年,长三角地区整体率先实现教育现代化,携手打造并初步建成全球卓越的教育区域创新共同体。②

第三节　粤港澳教育发展战略:以高等教育助推湾区高质量发展

作为世界四大湾区之一,粤港澳大湾区的繁荣在国家发展大局中具有重要战略地位。对此,国家要求继续强化广东作为全国改革开放先行区、经济发展重要引擎的作用,巩固和提升香港国际金融、航运、贸易三大中心地位以及促进澳门经济适度多元可持续发展,努力将粤港澳大湾区建设成为更具活力的经济区、宜居宜业宜游的优质生活圈和内地与港澳深度合作的示范区,携手打造国际一流湾区和世界级城市群。③与此同时,在区域教育战略定位上,还要把粤港澳大湾区打造成为国家深化高等

---

① 教育部.关于进一步推进长江三角洲地区教育改革与合作发展的指导意见[EB/OL].(2014-06-06)[2023-06-12]. http://www.moe.gov.cn/srcsite/A03/moe_1892/moe_630/201406/t20140612_170722.html.

② 新华社.沪苏浙皖达成战略协作 推进长三角地区2025年整体实现教育现代化[EB/OL].(2018-12-13)[2023-06-12]. https://www.gov.cn/xinwen/2018-12/13/content_5348620.htm?_zbs_baidu_bk.

③ 蔡赤萌.粤港澳大湾区城市群建设的战略意义和现实挑战[J].广东社会科学,2017(04):5-14+254.

教育体制机制改革的试验区。

一、粤港澳区域发展进程

十一届三中全会召开至港澳回归前,粤港澳三地间主要利用市场机制,以民间自发为主导进行经济合作。随着20世纪80年代港澳地区各生产要素价格上涨,珠三角地区凭借地缘优势和政策优势,依托香港、澳门已有的工业化基础和转口贸易业务,成为港澳制造业内迁的选择地,形成了"前店后厂"的垂直分工格局,实现了经济社会的跨越式发展。随着港澳回归和"一国两制"基本方针的执行,粤港澳合作领域进一步拓宽。1998年"粤港合作联席会议"机制批准执行,粤澳两地于2001年建立了粤澳合作联络小组和粤澳高层会晤制度,自此三地合作开始从民间自主转为政府参与。

2003年,为进一步促进内地与香港的经贸联系和共同发展,中华人民共和国商务部和中华人民共和国香港特别行政区财政司签署并实施《内地与香港关于建立更紧密经贸关系的安排》,后续针对各合作范围又签订一系列补充协议。2008年,广东省政府发布《珠江三角洲地区改革发展规划纲要(2008—2020年)》,对珠江三角洲地区的改革发展目标进行了规划,以广州、深圳、珠海、佛山、江门、东莞、中山、惠州和肇庆为规划主体,辐射泛珠江三角洲区域,粤港澳合作上升为国家发展战略,各类体制性障碍进一步破除,粤港澳合作正式迈入深度融合发展时期。2015年博鳌亚洲论坛发布白皮书,提出打造粤港澳大湾区的提议,粤港澳大湾区的"一二三四"格局即一个国家、两种制度、三个关税区、四个核心城市,成为粤港澳大湾区打造世界级大湾区的独特优势,各项配套基础设施开始加速建设,强有力地促进大湾区经济结构与发展模式的进一步跃升。十九大报告提出"全面推进内地同香港、澳门互利合作",以大湾区建设为契机,将港澳发展与国家发展紧密结合,全面推进内地同香港、澳门互利合作,粤港澳大湾区的发展完成由"地方推动"到"中央主导"的转变。2018年《中共中央 国务院关于建立更加有效的区域协调发展新机制的意见》发布。2022年10月,党的二十大报告提出"推进粤港澳大湾区建设,支持香港、澳门更好融入国家发展大局",大湾区建设作为实施区域协调发展战略的重大国家战略,成为我国建设现代化经济体系的重要组成部分。

二、粤港澳区域社会发展战略定位

粤港澳大湾区是我国开放程度最高、经济活力最强的区域之一,在国家发展大局中具有重要战略地位。建设粤港澳大湾区,既是新时代推动形成全面开放新格局的新尝试,也是推动"一国两制"事业发展的新实践。[①] 2019年2月,中共中央、国务院印发了《粤港澳大湾区发展规划纲要》,提出要把粤港澳地区打造成充满活力的世界级城市群、具有全球影响力的国际科技创新中心、"一带一路"建设的重要支撑、内地与港澳深度合作示范区以及宜居宜业宜游的优质生活圈。

三、粤港澳区域教育发展战略定位

随着社会、经济、科技的不断发展,高等教育在区域经济发展中扮演着越来越重要的角色,当今区域经济的持续发展已经离不开高等教育的积极影响。粤港澳大湾区经济社会发展水平高,为高等教育合作发展奠定了雄厚的经济基础;粤港澳大湾区创新要素集聚,也能够为高等教育合作发展提供强劲动能。放眼世界,像美国纽约湾区、旧金山湾区和日本东京湾区等国际一流湾区都拥有大学集群,比如纽约湾区有哈佛大学、麻省理工学院、耶鲁大学,旧金山湾区有斯坦福大学和加州大学系统,东京湾区有东京大学、早稻田大学。这些大学集群吸引并加速人才、资本、信息、技术等创新要素的聚集融合,成为推动湾区产业升级的动力源泉。反观粤港澳大湾区的高等教育,虽然香港有5所高校进入过世界前100名,广东高等教育发展近年突飞猛进,澳门高等教育正在崛起,但整体而言,粤

---

① 钟伟.以宏观调控的居中之道保持经济稳定增长[J].中国外汇,2021(20):5.

港澳大湾区的高等教育离世界领先水平还有较大的差距。粤港澳大湾区高等教育的创新发展迫在眉睫,需要对其高等教育发展进行顶层设计。2020年12月,教育部、广东省人民政府印发《推进粤港澳大湾区高等教育合作发展规划》,明确提出把粤港澳大湾区打造成为国家深化高等教育体制机制改革试验区、教育服务"一带一路"国际合作重要枢纽以及内地与港澳教育全面合作发展生动典范,并建成世界领先水平的高等教育体系和国际教育示范区。

第四节 东北三省教育发展战略:以职业教育带动东北振兴

东北三省是中华人民共和国工业的摇篮和重要的工农业基地,拥有一批与国民经济命脉和国家安全关系重大的战略性产业,但近年来东北区域产业发展陷入困境,产业市场化水平低、产业科技含量不高以及产业经济结构不合理等问题较为突出。为此,国家大力实施全面振兴东北地区发展的战略,以加快推进东北三省经济结构的战略性调整和产业结构的优化升级,以提高产业的国际竞争力。在教育领域,针对东北地区产业升级时面临的技能型人才短缺问题,确定以职业教育带动东北振兴的战略定位更加具有现实意义。

一、东北三省发展进程

东北地区幅员辽阔,金属、非金属矿产丰富,建设了大批工厂和配套基础设施。东北解放后,基于东北地区的工业基础和矿产资源,占有全国近40%的铁路总长的交通优势,迫于严峻的国际形势和为国家安全考虑,党中央提出"东北工作先走一步"的方针,举全国之力投资建设东北成为全国工业基地,为全国建设输送人才和设备。1949—1952年,东北地区接受国家投资25.8亿元,占中央政府总投资的将近三分之一;苏联援建项目全国共42个,东北地区涵盖其中30个,占总项目的71%。在第一个五年计划期间,东北地区基本完成了以辽宁鞍钢为中心的联合工业基地建设,初步建成汽车、军工、钢铁、能源等产业基地和对应的配套设施,产业结构得到逐步完善,这在一定程度上支持了中国工业化的发展。第二个五年计划期间,东北地区战略定位转向支援全国建设,充分利用工业发展优势,提供力量支撑内地工业发展,平衡国内工业布局。为进一步建设更为合理的工业体系结构和布局,1957年毛泽东提出全国建立六大经济区,其中东北地区以沈阳为核心,加快发展。1961年,党的八届九中全会决定重建六个中央局,加强区域经济协商。1964年毛泽东提出"三线建设"战略思想,鉴于大庆油田开发建设的重大意义,黑龙江省委递交《关于成立安达特区及所辖范围的报告》,同年6月得到批准,11月发布。次年1月特区正式成立,实行政企合一的领导体制,并持续到20世纪70年代,极大地提高了工作效率。改革开放后,东北地区虽然取得了较改革开放前更快的经济增长,但随着市场化进程的推进,工业化初期和计划经济时代的优势逐渐丧失,东北的资源禀赋优势大为削弱,资源、基础设备等产品的附加价值又较低,东北经济增长速度开始放缓,产业发展开始相对滞后。2003年中央开始部署实施振兴东北等老工业基地战略,而后十年间,东北地区经济增长速度超过全国的平均水平。但2014年后,东北三省的增长速度基本处在全国后五位,2017年其经济规模全国占比下降到6.7%。[①] 经济体制转型、宏观经济形势下行、劳动力和人才流出等因素都消减了东北地区的经济发展优势。[②] 为深入贯彻新发展理念,进一步促进东北地区振兴,确保"十四五"开好局、起好步,在国务院振兴东北地区等老工业基地领导小组的牵头下,东北振兴省部联席落实推进工作机制已经开始启动。

---

① 乔榛,路兴隆.新中国70年东北经济发展:回顾与思考[J].当代经济研究,2019(11):5−12+113.

② 王晓峰,张正云.东北地区人力资本问题及其对经济发展的长期影响研究[J].经济纵横,2016(01):60−64.

二、东北三省社会发展战略目标

东北地区地理区位条件优越,在国家发展全局中举足轻重,是维护国家粮食安全、打造北方生态安全屏障的有力保障,是全国经济的重要增长极。加快东北老工业基地全面振兴,对全国各区域协调发展和经济结构战略性调整意义重大。为此,中共中央国务院于2016年4月出台了《关于全面振兴东北地区等老工业基地的若干意见》,指出到2020年东北地区在重要领域和关键环节改革上要取得重大成果,转变经济发展方式和结构性改革要取得重大进展,经济要保持中高速增长,与全国同步实现全面建成小康社会目标。到2030年左右,东北地区要全面振兴,走进全国现代化建设前列,成为全国重要的经济支撑带、具有国际竞争力的先进装备制造业基地和重大技术装备战略基地,以及国家新型原材料基地、现代农业生产基地和重要技术创新与研发基地。①

三、东北三省教育发展战略目标

实施东北地区等老工业基地振兴战略,是21世纪党中央、国务院的重大决策。东北地区要把握经济发展新常态,落实发展新理念,加快实现老工业基地的全面振兴。首先需要将科教机构建设与东北区域经济社会发展相结合,把教育和科技创新作为东北老工业基地发展的内生动力;组织实施东北振兴科技引领行动计划,加强东北地区科研院所和高校、职业院校的发展,深化中科院与东北地区的"院地合作",加快建设并引导地方高校向高水平应用技术型大学的转型。

此外,东北地区作为"新中国工业的摇篮",要实现快速振兴,应充分发挥自身优势,走新型工业化道路,将东北地区建设成为全国重要的装备制造基地和新型原材料基地。但是,目前东北地区技能型人才的数量和能

---

① 新华社.中共中央 国务院关于全面振兴东北地区等老工业基地的若干意见[EB/OL].(2016—04—26)[2023—06—12]. https://www.gov.cn/zhengce/2016—04/26/content_5068242.htm.

力水平与企业的需求和地方经济发展的要求仍有一定的差距,这将会进一步阻碍东北地区的产业升级和经济结构调整。职业教育作为直接培养服务于区域经济社会发展的技能型人才的教育类型,能够为东北地区经济社会发展提供重要的技能型人才保障,是实现东北地区全面振兴的重要途径,在东北地区经济社会发展中将发挥不可替代的作用。因此,未来依靠教育助推东北振兴,应加大培育发展职业教育的力度,全力探索职业教育新模式建立,加强行业、企业参与及国际交流合作。

第五节　西部地区教育发展战略:以提升基础教育质量为重点

我国西部地区疆域辽阔,人口众多,大部分地区相对欠发达。2000年以来,国家也一直倡导实施西部大开发战略,努力实现西部地区经济发展。近年,国家继续加快推进西部大开发,力争在前段基础设施改善、结构战略性调整和制度建设成就的基础上,实现经济增长的进一步跃升,并基本实现社会主义现代化。然而,与中东部地区相比,西部地区基础教育相对更为薄弱,尤其在基础教育师资力量方面差距更加明显。因此,在未来三至五年内,西部地区教育发展的战略定位仍然要以提升基础教育质量为重点,只有发展好基础教育,才能为高等教育发展更好地奠定基础,为建设高质量教育发展体系提供基本保障。

一、西部地区发展进程

1956年,毛泽东在《论十大关系》中强调了我国工业发展布局的均衡发展战略,内地工业必须大力发展。为加强战备,1964年中央决定建设第二套完整的国防工业和重工业体系,将国防、科技、工业、交通等生产资源逐步迁入三线地区,我国生产力布局开始自东向西转移的战略大调整,强调建设重点在西南、西北等内陆地区。在1964年至1980年的三个五年计划期间,国家在中西部13个省份基本建设总投资占全国的40%,高达2052.68亿元。改革开放后,邓小平意识到区域之间均衡实现经济突破式发展的现实困难,提出"两个大局"的战略思想:"第一个大局"是加快东部沿海地区的经济开发,带头发展经济;"第二个大局"是先富带动后富,拿出更多的力量帮助中西部地区加快发展。由于东西部自然条件、发展基础等方面的差异和"两个大局"战略构想的实施,中西部地区经济发展与沿海发达地区的差距逐渐加大。1980年东西部地区农民人均纯收入无较大差别,1998年东部地区人均纯收入高出西部地区近三倍。什么时候、什么基础情况下开始推进第二个大局发展是"两个大局"战略构想的关键问题,邓小平初步设想在20世纪末达到小康时开始推进。

1999年按照"两个大局"战略思想,鉴于西部地区长期发展迟缓的严峻现状,以江泽民同志为核心的第三代中央领导集体认为,我国已具备加快西部地区发展的条件,计划开始实施西部开发战略,中共十五届四中全会正式提出实施西部大开发战略。[①] 2000年中共中央、国务院出台《关于实施西部大开发战略初步设想的汇报》《国务院关于实施西部大开发若干政策措施的通知》,对西部大开发政策做出指导和方向规划。2001年,国务院西部地区开发领导小组二次会议通过了《西部开发"十五"总体规划》;2002年国家计委、国务院西部开发办联合发布《"十五"西部开发总体规划》,进一步明确了"十五"期间西部开发的目标、人物和重点;2004年,国务院发布《关于进一步推进西部大开发的若干意见》,针对西部大开发中的现实矛盾进行了工作部署;2007年《西部大开发"十一五"规划》正式出台,对社会主义新农村建设、生态保护和建设、基础设施建设、保障机制健全、特色优势产业发展、基本公共服务改善等方面进行规划。2020年5月,中共中央、国务院颁布的《关于新时代推进西部大开发形成新格局的指导意见》为西部发展再次提供了强有力的政策支持。"十二五"、

---

① 白永秀,何昊.西部大开发20年:历史回顾、实施成效与发展对策[J].人文杂志,2019(11):52-62.

"十三五"两个五年规划和"一带一路"倡议围绕众多方面延续对西部大开发战略的顶层设计。这些都为西部地区提供了更多国际发展机遇,极大地促进了西部地区的开放和发展。

二、西部地区发展战略目标

2000年来,党中央、国务院先后发布、实施《关于实施西部大开发若干政策措施的通知》、《关于进一步推进西部大开发的若干意见》》、《关于深入实施西部大开发战略的若干意见》等相关文件,为西部大开发提供了重要指导和支持。特别是党的十八大以后,习近平总书记多次到西部地区视察调研并发表系列重要讲话,为新时代西部大开发指明了方向。2020年5月,中共中央、国务院颁布了《关于新时代推进西部大开发形成新格局的指导意见》,要求到2035年,西部地区基本实现社会主义现代化,基本公共服务、基础设施通达程度、人民生活水平与东部地区大体相当,努力实现不同类型地区互补发展、东西双向开放协同并进、民族边疆地区繁荣安全稳固、人与自然和谐共生。

三、西部地区教育发展战略目标

由于自然、历史、社会等多方面原因,我国西部地区教育基础差,保障能力弱,特别是农村、边远、贫困、民族地区优秀教师少、优质资源少,教育质量总体不高,难以满足西部地区经济社会发展和人民群众接受良好教育的需求。① 尽管近年来在国家扶贫政策大力支持和地方政府的努力推动下,西部地区的教育环境和教育条件得到了极大的改善,学校教学设置设备及教学管理模式已逐步走向标准化,但与硬件条件获得大幅改善相比,软件设施的不足仍然是制约学校发展的主要因素。另外,在"城挤乡空"、农村教育的区域差距拉大的教育格局下,西部地区出现了三类特别值得关注的学校(城区的大班额和大规模学校、乡镇的寄宿制学校和乡镇

---

① 黄东兵.全面提升西部基础教育质量 巩固脱贫攻坚成果[J].中国科技产业,2021(03):42-44.

以下的小规模学校)以及两个新的教育边缘化群体(留守儿童和流动儿童),教育质量有待进一步提升。全面提高基础教育质量是当前实现西部地区教育战略发展目标的重点所在,为此,西部地区更应重视基础教育在师资力量、校长专业化发展、学校管理等方面的软件投入。中共中央、国务院出台的《关于新时代推进西部大开发形成新格局的指导意见》为西部地区全面提高基础教育质量指明了方向,如加强普惠性幼儿园建设和贫困地区义务教育薄弱学校基本办学条件;加强乡村小规模学校、乡镇寄宿制学校建设;有序增加义务教育供需矛盾突出地区的义务教育供给;发展现代职业教育,推进职业教育东西协作、产教融合、校企合作;逐步普及高中阶段教育,加强学校语言文字工作。

第六节 海南省教育发展战略:进一步提升国际化水平

海南省是我国最大的经济特区和重要的试验田。在海南建设自由贸易港,就是要以更高水平的开放促进更深层次的改革,打破现有的观念束缚、政策障碍和利益藩篱,为加快完善社会主义市场经济体制探索新路径、积累新经验。为此,国家大力支持海南全面深化改革,并以"三区一中心"的战略定位带动形成具有国际竞争力的开放制度体系。与此同时,由于海南省在"一带一路"建设中的陆海内外联动优势,进一步提升教育国际化水平实际是当前海南自贸港教育发展战略的必由之路。

一、海南省发展进程

海南岛是我国的第二大岛,地处南中国前沿,中华人民共和国成立以来主要担负戍边卫国的国防前哨重任,是中国"海防之要区,南方之屏障"。党的十一届三中全会作出把工作重点转移到社会主义现代化建设上来、实行改革开放的战略决策。鉴于四大经济特区和14个沿海港口城市的成功实践,为改变沿海地带发展的区位缺失,进一步加快对外开放步伐,1987年8月国务院正式向全国人大提出议案设立海南省,并同时划定海南岛为经济特区。第七届全国人大一次会议通过了《关于设立海南省的决定》和《关于建立海南经济特区的决议》,海南获批建省办经济特区。国务院批转《关于海南岛进一步对外开放加快经济开发建设的座谈会纪要》的通知中提出,海南建省后实行比现行经济特区更加灵活的政策,授权更多经济活动自主权,积极利用外资,拓展出口贸易,发展与内地的横向经济联合,加快开发建设。1987年末至1988年初,中国社会科学院副院长刘国光为首的调查组受国务院委派和海南建省筹备组的邀请开展调查,完成《海南经济发展战略》总报告和9个专题分报告,共同研究拟定海南经济发展战略目标,计划将海南建成为工业为主,工、农、贸、旅并举,第一、二、三产业协调发展的外向型、综合性经济特区。1996年2月,海南省通过《海南省国民经济和社会发展"九五"计划和2010年远景目标纲要》,提出"一省两地"经济发展战略——新兴工业省、热带高效农业基地和度假休闲旅游胜地。

随着我国加入世界贸易组织,产业开放取代区域开放成为开放主动力。依据海南省自身的区位特点和资源特点,热带高效农业、旅游业以及海洋产业更符合当地产业转型升级和消费结构升级的趋势。2000年迟福林提出"海南国际旅游岛"的概念,2007年海南省正式提出建设国际旅游岛。截至2017年,海南省产业已初步形成服务业为主导的经济结构,比重达55.7%,经济增长贡献率达79.4%。据统计,1987年海南地区生产总值57.28亿元,地方财政收入不到3个亿,到2007年地区生产总值1229.60亿元,约为1987年的21.46倍;地方财政收入152.42亿元,约为1987年的50倍。2017年海南地区生产总值达到4462.5亿元,约为1987年的77.91倍;地方一般公共预算收入674亿元,约为1987年的224.67倍。海南省从边陲海岛发展成为我国改革开放的一个重要窗口。2017年10月,党的十九大报告提出,赋予海南自由贸易试验区更大改革自主权,探索建设海南自由贸易港。2018年4月14日,中共中央、国务院发布《关于支持海南全面深化改革开放的指导意见》;2022年10月,党的二十大报告提出加快建设海南自由贸易港,实施自由贸易试验区提升战略,扩大面向全球的高标准自由贸易区网络。在新时代下赋予海南经济特区改革开放新使命,对构建我国改革开放新格局必将产生更加重大而深远的影响。

二、海南省社会发展战略目标

海南因改革开放而生,因改革开放而兴。1988年,海南省经济特区批准建立。三十多年来,海南省大胆创新、切实改革,实现了翻天覆地的变化,经济社会发展取得重大成就。此外,近年来国家还提出了"一带一路"倡议,海南省作为我国对外开放的重要支点,是我国面向太平洋和印度洋的重要对外开放门户,也是21世纪海上丝绸之路的战略节点,在"一带一路"倡议的实施上占有重要地位。

2018年4月,中共中央、国务院出台了《关于支持海南全面深化改革开放的指导意见》,提出对海南省实施"三区一中心"的战略定位。其中,"三区"分别是"全面深化改革开放试验区""国家生态文明试验区"和"国家重大战略服务保障区","一中心"则是指"国际旅游消费中心",即打造业态丰富、品牌集聚、环境舒适、特色鲜明的国际旅游胜地。建立"全面深化改革开放试验区"要求适应经济全球化新形势,实行更加积极主动的开放战略,探索建立开放型经济新体制,把海南打造成为我国面向太平洋和印度洋的重要对外开放门户;打造"国家生态文明试验区"则要求海南省牢固树立和践行"绿水青山就是金山银山"的理念,坚定不移地走生产发展、生活富裕、生态良好的文明发展道路,推动形成人与自然和谐发展的现代化建设新格局,为推进全国生态文明建设探索新经验;建成"国家重大战略服务保障区"要求要深度融入海洋强国、军民融合发展等重大战略及"一带一路"倡议,全面加强支撑保障能力建设,切实履行好党中央、国务院赋予的重要使命,提升海南在国家战略格局中的地位和作用。这是党中央、国务院着眼于国际国内发展大局、科学谋划做出的重大决策,是彰显我国扩大对外开放、积极推动经济全球化的重大举措。在这种形势下,海南教育要抓住机遇,充分发挥海南的区域优势,推进教育国际化进程,特别是推进面向东盟的国际教育文化交流,对助力国家"一带一路"倡议实施、建设美好新海南都具有十分重要的意义。

为充分发挥海南岛全岛试点的整体优势,紧紧围绕建设全面深化改革开放试验区、国家生态文明试验区、国际旅游消费中心和国家重大战略服务保障区,实行更加积极主动的开放战略,加快构建开放型经济新体制,推动形成全面开放的新格局,2018年10月,国务院印发了《中国(海南)自由贸易试验区总体方案》,力求把海南打造成为我国面向太平洋和印度洋的重要对外开放门户。2020年12月颁布的《中共海南省委关于制定国民经济和社会发展第十四个五年规划和二〇三五年远景目标的建议》进一步谋划了未来海南经济特区深化改革开放的远景目标,提出从自由贸易港政策制度体系初步建立、经济实现高质量发展、精神文明程度明显提高、生态文明建设形成海南样板、人民生活水平显著提升和社会治理效能显著提升等六大方面形成海南省社会经济发展的战略目标。

三、海南省教育发展战略目标

为进一步发挥海南省在"一带一路"倡议中的陆海内外联动优势,打造新时代中国教育开放发展新标杆,国家全力支持海南国际教育创新岛建设。2019年6月,教育部、海南省人民政府印发《关于支持海南深化教育改革开放实施方案》的通知,提出建设国际教育创新岛的战略要求,到2025年,教育体制机制更具活力,对外开放呈现新局面,教育现代化进入较高水平,教育改革试验平台和对外开放窗口作用日益彰显,教育治理能力显著提升,各项制度更加成熟定型,与自由贸易港建设相匹配的人力资源开发新高地建设取得阶段性成果;到2035年,各级各类教育协调发展、具有中国特色的现代教育体系基本形成,教育国际化水平跻身世界先进行列,新业态蓬勃发展,现代化教育治理体系全面建成。

此外,《中共海南省委关于制定国民经济和社会发展第十四个五年规划和二〇三五年远景目标的建议》也提出要加快国际教育创新岛建设,全面提升教育国际化水平,如要求大力引进境外理工农医类高水平大学、职业院校在海南独立办学,设立国际学校。引进国内外知名院校设立分支机构或开展中外合作办学,推动三亚崖州湾科技城、陵水黎安国际教育创新试验区、海口桂林洋教育园区高水平发展,打造"留学海南"品牌。

第二章
国际区域教育发展经验

第二章 国际区域教育发展经验

东京湾区是日本首都所在地,东京作为日本的首都,拥有日本十分之一的人口,辐射、带动了东京湾区30%人口的发展,并且有5所世界500强大学。① 京津冀区域是我国首都所在地,其高等教育发展可以借鉴东京湾区,由此达到疏解非首都功能、促进京津冀教育协同发展的目的。另外,我们选取了美国的纽约湾区和旧金山湾区,与长三角区域和粤港澳大湾区进行比较,一方面是因为这四个区域在地理上都是湾区,在经济发展上都居于全球前列;另一方面美国的两大湾区聚集了大量优质大学,其中纽约湾区有12所世界500强大学,旧金山湾区有9所世界500强大学,值得我国长三角地区和粤港澳大湾区的高等教育发展借鉴。

德国具有世界领先的职业教育体系,芬兰拥有全球高质量的基础教育体系,根据东北三省职业教育改革创新和西部地区高质量发展基础教育的定位,可以分别借鉴德国的职业教育和芬兰的基础教育。新加坡、马来西亚和海南省都是海岛,均处于热带区域,在教育发展上都是自上而下的政策引领。海南省可以以建设国际教育创新岛为契机,借鉴新加坡和马来西亚打造国际教育枢纽的成功经验。

有鉴于此,本章选取了东京湾区、纽约湾区和旧金山湾区分别作为京津冀、长三角和粤港澳大湾区的对标区域,德国作为东北三省职业教育的对标区域,芬兰作为西部地区基础教育的对标区域,新加坡和马来西亚作为海南自贸港国际教育的对标区域。

第一节　高等教育:三大湾区大学集群

一、东京湾区大学集群

东京湾区位于日本中部关东地区,由东京都、琦玉县、千叶县和神奈川县组成,其核心城市包括东京、横滨、川崎、千叶和横须贺。东京湾区的

---

① 本章涉及的与排名相关的数据,均参考了2021年QS世界大学排名。

面积达1.35万平方公里,人口达到3613万,以约3.6%的国土面积聚集了日本约30%的人口,创造了日本30%的经济总量。东京湾区是在东京湾的基础上发展起来的,包括横滨、东京、千叶港、川崎港、横须贺港、木更津港等港口。这些港口同羽田、成田机场和新干线机场一道,构成了东京湾区与日本和世界各地主要城市之间的海陆空立体交通网。在众多港口的带动下,东京湾区逐渐形成了京滨和京叶两大工业地带。西岸的京滨工业地带(东京、川崎和横滨)发展精密机械、出版、印刷和汽车零部件等行业,东岸的京叶工业地带(千叶县8个市)则从事发电、石化、石油、造船、现代物流、航运和钢铁等行业。两个工业地带结合东京在金融、研发和公司总部等领域的资源和功能,造就了三菱、丰田、索尼等39家世界500强企业。①

东京湾区的大学集群包括超级国际化大学集群、牵引国际化人才大学集群和高水平大学集群。(1)超级国际化大学集群:日本超级国际化大学共有37所,包括东京大学、早稻田大学等6所A类大学,以及千叶大学、东京外国语大学、东京艺术大学等11所B类大学。(2)牵引国际化人才大学集群②:有42所大学列入牵引国际化人才大学计划,其中A类大学11所,B类大学31所。东京湾区纳入该计划A类大学的有5所,B类大学的有17所,包括早稻田大学、千叶大学、御茶水女子大学等高校。(3)东京湾区其他高水平大学集群:主要包括东京农工大学、横滨国立大学等一些小而精、专注于某一领域的科学研究的大学。③

二、纽约湾区大学集群

纽约湾区位于美国东北部大西洋沿岸的大都会区,由纽约市、康涅狄

---

① 张锐.世界湾区经济的建设经验与启示[J].中国国情国力,2017(5):31—34.
② 牵引国际化人才大学计划是日本文部科学省为培育经济社会发展中能在国际化舞台上活跃的人才,以及强化学生的国际化对应能力,而提出的教育体制的整备计划。
③ 欧小军.世界一流大湾区高水平大学集群发展研究:以纽约、旧金山、东京三大湾区为例[J].四川理工学院学报(社会科学版),2018,33(03):83—100.

格州和新泽西州31个郡和城市组成。纽约湾区面积大约2.15万平方公里,人口约有2340万,占美国人口的7%,GDP为1.8万亿美元,约占美国经济总量的8%,是美国金融业最发达的地区。纽约湾区是世界的金融中心,拥有华尔街、纽约交易所和纳斯达克交易所,世界金融、证券、期货及保险和外贸机构等近3000家机构总部也设于此,其中有22家世界500强企业。

纽约湾区大学集群主要包括常春藤盟校集群、新常春藤集群、小常春藤大学集群、纽约州立大学和纽约市立大学组成的公立大学集群以及周边著名私立大学集群。① (1)常春藤盟校集群:美国常春藤盟校8所中的5所坐落在纽约湾区,包括哥伦比亚大学、康奈尔大学、普林斯顿大学等高校。(2)新常春藤集群:美国的"新常春藤"盟校有25所,其中有8所大学位于纽约湾区,包括波士顿学院、伦斯勒理工学院、斯基德摩尔学院等高校。(3)小常春藤大学集群:"小常春藤"盟校由美国东北部的14所顶尖文理学院组成,包括科尔盖特大学、卫斯理大学、汉密尔顿学院等高校。"新常春藤"盟校和"小常春藤"盟校共同构成了纽约湾区世界高水平大学集群。(4)纽约州立、市立大学集群:主要包括纽约州立大学、纽约市立大学以及茱莉亚音乐学院、普拉特艺术学院等高校。(5)周边著名私立大学集群:主要包括雪城大学、圣约翰大学、纽约理工大学等高校。

三、旧金山湾区大学集群

旧金山湾区位于加利福尼亚州西部,由旧金山湾区、半岛区、南湾区、东湾区和北湾区五个区域组成,核心区域包括旧金山县、奥克兰市和圣荷西市。旧金山湾区的面积达1.79万平方公里,拥有760万人口,其中高科技人员超过200万,是世界科技精英的聚集地和硅谷所在地,聚集了谷歌、苹果、英特尔、脸书、特斯拉等科技巨头企业,其中有11家世界500强企业。

---

① 许长青,郭孔生.粤港澳大湾区高等教育集群发展:国际经验与政策创新[J].高教探索,2019,197(09):5—13.

旧金山湾区主要包含奥克兰—旧金山—圣荷西三大中心城市大学集群和旧金山大湾区周边大学集群。[①] 三大中心城市大学集群主要包括斯坦福大学、加州大学伯克利分校、圣荷西州立大学等世界一流大学。旧金山大湾区周边大学集群主要有南加州大学、加州大学洛杉矶分校、加州大学圣地亚哥分校等高校。

第二节 职业教育:德国

德国领土面积35.71万平方公里,人口约8293万人,是欧洲联盟中人口最多的国家。德国是欧洲四大经济体之一,汽车、精密机床等高端制造业是德国的主要产业,由此造就了德国出众的职业教育。在此背景下,一个德国学生,6岁上小学,10岁可以在家长和老师的引导下对未来的人生道路进行选择:一是选择以攻读大学为目标的文理中学,学制9年,19岁毕业后直接进入高等教育学校,可以选择任何类型的高等教育;二是选择职业预校或实科中学,学制通常为5—6年。职业预校的毕业生通常进入双元制职业学校,一边在学校读书,一边花费大量时间在工厂和企业实习与培训。实科中学的毕业生选择面更多,可以像职业预校的毕业生一样进入双元制职业学校,或者进入全日制的职业专科学校,毕业后进入劳动力市场;也可以进入专科高中、职业或技术高中或技术文理中学,为将来进入高等教育阶段的专科大学或综合大学做准备。

德国职业教育主要分布在教育体系的第二阶,包括双元制的职业学校和全日制的职业专科学校。第三阶为高等教育,包括双元制的职业学院和全日制的应用技术大学以及职后进修专科教育。

双元制的职业学校学制为2—3.5年,学生无入学条件,但一般为职

---

① 卢晓中,卓泽林.湾区高等教育的形成与发展:基于粤港澳大湾区与旧金山湾区比较的视角[J].高等教育研究,2020,41(02):90—98.

业预校和实科中学毕业生,以技术工人为培养目标。企业与职业学校之间实行交替教学,约70%的时间在企业,30%的时间在学校。学生在校期间不仅不缴纳学费,还可按月领取生活津贴和企业提供的法定社会保险。①

全日制的职业专科学校学制为1—3年,入学条件主要为职业预校或实科中学毕业生,进入社会后一般要从事一定的专业工作,即在某一领域内具有某种特定技能。因此,他们必须具备相应的专业知识和职业技能,才能适应岗位需要。培养目标可以分为两类:一类是"双元制"的替代型职业教育,培养乐器技术工人、陶瓷造型工、木器雕刻工等;另一类是独立型职业教育,培养技术助理、社区服务或护理人员等。②

双元制职业学院始于20世纪70年代,学制一般为3年,企业与学校联合创办职业学院,将学校的理论与企业的实践相结合,学生毕业后即可很快适应新工作。在学历认可上,不管是在应用技术大学还是在职业学院学习,其毕业证具有同等价值。③

全日制的应用技术大学始于20世纪60年代,学制一般为4年,德国政府决定建立与大学并行的新式高等职业教育,一批学校转型为应用技术大学。应用技术大学以培养能够将科技成果转化为产品的应用型工程师和具有较高管理能力的企业管理人才为目标④,专业设置以社会需求为导向,课程是理论与实践相结合,学生毕业后可直接胜任公司和企业的工作,并具有很好的发展潜力。⑤

职后进修专科学校学制一般为2年,以培养师傅(技师)和技术员为目标,入学条件是已接受职业教育并有两年以上职业实践者。职后进修专科

---

① 姜大源.德国职业教育[J].中国职业技术教育,2006(02):56—57.
② 张鑫楠.德国双元制职业教育的中国本土化过程研究[D].北京外国语大学,2022.
③ 齐云龙.德国工匠精神的起点:德国"双元制"职业教育模式:以德国巴符州职业教育为例[J].郑州轻工业学院学报(社会科学版),2019,20(Z1):147—152.
④ 张荣国,王英,雷家珩,江铃.德国高职教育发展的经验及启示[J].中国成人教育,2007(20):114—115.
⑤ 江奇.德国职业教育校企合作机制研究[D].陕西师范大学,2014.

学校可分为师傅学校和技术员学校,前者由行会主办,后者由国家主办,学生学习期满,通过行会考试(师傅)或全国统一考试(技术员),可取得上述称号,经相关资质审核合格,也可担任企业实训教师。职业学校是以培养技术工人为主的普通高等学校。这类教育还包括培训商务师和手工业企业主。①

德国职业教育有以下几个特点。第一,在教育早期就实现普通教育和职业教育分流。德国学生的分流主要分两个阶段:一是"小升初"阶段的第一次分流,绝大部分学生就基本确定今后是走早就业还是升学的大致方向。数据显示,在此阶段,有大约三分之二的学生选择职业教育走向的职业预校和实科中学。二是"初升高"阶段,根据学生兴趣、学业情况和家长、学生的意愿,确定将来接受中等职业教育还是为高等职业教育或普通大学教育做准备。② 在此阶段,根据2018年德国联邦教育与研究部出台的《2018年职业教育报告》,2017年有意向选择双元制职业学院、接受高等职业教育的人数为80.58万人,双元制职业学院实际入学率达到64.9%。③ 2005年至今,接受"双元制"职业教育的人数基本不变。④

第二,职业教育的双元体系保证了职业教育学生"毕业即就业"。企业提供了与岗位需求大体相当的岗位数量。2018年,德国职业教育岗位供需比例为105.9∶100,职业教育岗位供给为58.91万个,而岗位需求为55.6万个。⑤

第三,德国企业特别是大型企业有需求、有兴趣、有能力参与到双元体制的职业教育当中,为企业自身发展定向培养学生。德国有超过200万家企业,其中约20%的企业实际参与了德国的"双元制"职业培训,而且以大型企业居多。500人以上的大型企业超过80%参与到职业教育中。

---

① 姜大源.德国职业教育[J].中国职业技术教育,2006(02):56—57.
② 梁燕.做好小学生职业启蒙教育工作的思考[J].广西教育,2021(09):4—5.
③ 王华云.德国双元制对我国职业教育发展的启示[N].中国社会科学报,2022-04-22(004).
④ 许悦.德国职业教育发展的现状与思考[N].中国科学报,2019-03-27(007).
⑤ 刘立新.德国发布《2019年职业教育报告》[J].世界教育信息,2019,32(11):75—76.

第四,具有高等教育资格的青少年接受双元制职业教育的比例进一步提高。2016年共有14.46万人取得高等教育资格,占新学习者总数的28.7%。① 从双元制职业教育生源的通识教育背景来看,自2015年以来,具有高等学历教育的生源已成为接受双元制职业教育的第二大生源群体,而传统双元制职业教育生源主要群体——实科中学毕业者已经退居第三。也就是说,即使可以就读普通大学的学生,也倾向于选择双元制职业教育。

第三节　基础教育:芬兰

芬兰地处北欧,国土面积33.8万平方公里,其中三分之一土地在北极圈内。芬兰人口551.6万人,人均GDP远高于欧盟平均水平,国民享受极高标准的生活品质,在2018年全球幸福指数排名中,芬兰位列第一。在这样的背景下,芬兰的基础教育有几个举世瞩目的头衔:全世界最均衡、学生成绩差距最小、学校教育时间最少、学生幸福感很高。2018年在国际经济合作发展组织举办的PISA项目②中,芬兰15岁学生在阅读、数学、科学的排名均在前十;每周学习时间仅有35小时,全球最低;生活满意度高于OECD国家平均水平。综合来看,芬兰初中生学习成绩好、效率高、生活满意度高,在所有参评国家中一枝独秀。芬兰高质量的基础教育有以下几个特点。

第一,真正以学生为中心,把因材施教体现得淋漓尽致,不让一个孩子掉队。"满足每个学生的需要""每个儿童都是独一无二的"的理念是芬

---

① 德国联邦教育与研究部. 德国《2018年职业教育报告》:工业4.0为德国职业教育带来新机遇[EB/OL]. (2018-06-02)[2022-11-13]. https://sino-german-dialogue.tongji.edu.cn/6d/38/c7539a93496/page.htm.

② PISA评估从2000年开始,三年举办一次,一开始仅限于经合组织(OECD)国家,后来成为对全世界几十个国家和地区15岁学生的技能和知识水平的测试,以评估其教育体系的质量。测试科目为阅读、数学、科学,2018年加入全球胜任力测试。

兰教育改革的核心思想。① 由此,芬兰对教师在授课时教学方式的选择提出了一些要求,包括要充分调动学生的学习积极性、充分考虑学习的目的性和过程性、指导学生进行有目的的学习等。②

芬兰的教育者不认为需要额外辅导的学生不如其他学生,而是将额外辅导视为一种教育手段。每所学校都有一名老师帮助有学业或行为问题的学生,老师根据每个学生的不同情况为其制定有效、循序渐进、专属的学习计划。学校和教师关注每个孩子的发展和变化,并且通过各种互补的教学手段和方法发现学生的学习需求,及时帮助全体学生更好地实现以均衡发展为导向的优质教学,以更好地达到既定的教学目的,真正做到不让一个孩子掉队。

第二,加强学生整体的、自我发展的能力,培养适应未来社会的人才。2014年芬兰国家教育委员会将教学的总体目标确定为适应未来社会快速变化的人才培养,强调"横贯能力",该能力主要包括思考与学习、文化素养、交流与自我表达、生活自理能力与保护自身安全等能力。③ 由此看出,芬兰基础教育注重教授学生生活所需的基础知识和基本技能,并着重提高学生自我学习的能力。学校和教师致力于帮助学生不断提高和发展自己,使之既有相应的知识和技能应对未来社会,积极参与社会生活,又能获得主观幸福感。

第三,提供多种教学方式,激发学生学习兴趣。芬兰基础教育注重培养孩子的学习兴趣,教师运用不同的教学方式激发并维持学生的学习兴趣。主要的教学方式如下。

(1)现象教学法。现象教学是以某种社会生活现象为教学内容的教学方式,这一教学方式更侧重学生的"学",其焦点对象在于"现象"。在现象教学情境中的"现象"不仅仅局限于我们通常所说的物理、化学等现象,

---

① KAGER E. How Finland's Education Policies Lead to a World-Class Education System [J]. New Waves,2013,16.
② 康建朝,李栋. 芬兰基础教育[M].上海:同济大学出版社,2015. 141.
③ 左成光,王军民,杨东. 芬兰基础教育基于核心素养的课程标准探析[J].外国中小学教育,2017(10):58—66.

在教学中教师会融入更多的社会现象,启发学生跨越学科的深度思考,如沉船逃生、贫困问题等。① 这种教学方式具有情境性特征,即从真实或虚构的环境中产生出具体生动的场景,是集多学科于一体的跨学科教学方式。它既能激发学生的学习兴趣,又能提高学生解决实际问题的能力。同时,现象教学是一种以对话为基础的合作探究教学方式,强调愉悦的情绪和与他人合作的创新活动,能够促使学生从不同的角度看待所学知识,在各种知识之间建立起联系,有效地促进学生知识、情感以及价值观的培养。②

(2)沉浸式教学法。沉浸式教学法出现于20世纪60年代,最初应用于加拿大的第二语言或者外语的学习情境中。③ 沉浸式教学法是指教师通过各种教学方法,帮助学生进入特定情境,进入指定的"浸入式"学习状态,提高学生的学习效率。沉浸式教学坚持"以学生为中心"的教学理念,注重提高学生的知识学习和探究能力,使学生在沉浸式体验的过程中主动发现知识,并主动与生活建立联系。目前,沉浸式教学法已成为一种新型的教学方式。它能够激发学习者的课堂学习兴趣,培养他们自主探索和解决问题的意识。这种教学方式后来从语言教学领域扩展到职业指导课程当中,通过角色扮演,学生可以将在学校所学到的知识应用到模拟的社会交往中,以此获得更多知识和技能。④

(3)补救教学。芬兰教师根据每个人的发展程度制定不同的学习进程,有学习困难的学生往往接受教师的补救教育。⑤ 一般来说,芬兰教师会考虑到性别差异、民族差异等,当发现学生学习过程中存在困难时,会向家长提供补救教学并与家长沟通。也就是说,芬兰基础教育通过早期

---

① 于国文,曹一鸣.芬兰现象教学的理念架构及实践路径[J].外国教育研究,2020,47(10):117—128.
② 李祖祥.主题教学:内涵、策略与实践反思[J].中国教育学刊.2012(9):52—56.
③ 韦莉萍.加拿大沉浸式教学法对我国高校双语教学的启示[J].教育与职业,2015(02):162—163.
④ 搜狐网.沉浸式体验学习:芬兰 Me & My City[EB/OL].(2018—01—03)[2022—11—14].http://mp.eixin.com/s/6KLHds6X5WOV3Vta Vpb3HA.
⑤ 唐建朝,李栋.芬兰基础教育[M].上海.同济大学出版社,2015.

干预和预防策略帮助有特殊教育需要的学生,通过不同的教学方式满足学生的需要,并使暂时滞后的学生能够及时接受补救教学。①

第四节 国际教育枢纽:新加坡和马来西亚

一、新加坡教育枢纽

新加坡是继伦敦、纽约、香港之后的第四大国际金融中心,其面积达724平方公里,人口达到570万。2019年,新加坡的GDP为3755亿美元,人均GDP为65831美元。在《2020年全球竞争力报告》中,新加坡在全球63个经济体中竞争力排名第一;在《2020年IMD世界人才排名报告》中,新加坡排名第九。

经过多年发展,新加坡逐渐形成了由外国著名大学分校、本国公立大学和理工学院组成的高等教育层级结构,吸引了来自澳大利亚、美国、法国、英国、印度、中国、德国等国家的大学在新加坡建立分校。新加坡本国公立大学有6所,包括新加坡国立大学、南洋理工大学、新加坡管理大学、新加坡科技设计大学、新加坡理工大学以及新跃社科大学。公立的理工学院则有5所,分别是新加坡义安理工学院、新加坡南洋理工学院、新加坡理工学院、新加坡淡马锡理工学院、新加坡共和理工学院。

新加坡是亚洲第一个建立教育枢纽②的国家,其教育枢纽定位与经济定位息息相关。1997年亚洲金融危机过后,新加坡出台"产业21平台"政策,标志着新加坡从低端制造业向高附加值产品转型。③ 教育枢纽

---

① HALINEN I. Towards Inclusive Education: The Case of Finland [J]. Prospects, 2008, 38(1), 77.
② 教育枢纽是指国家、地区或某个城市通过战略规划,将本地和国际的各个教育活动主体(包括学生、研究者、大学机构、研究中心)和利益相关者汇聚在一起,有计划地建设规模较大的本土和国际主体,使它们参与到教育、培训、知识生产和创新活动之中。
③ SIDU R, HO K C, YEOH B. Singapore: Building a Knowledge and Education Hub [J]. Springer Netherlands, 2014.

的战略目标也因此应运而生,其目的在于吸引高水平人力资本。新加坡的教育枢纽功能主要体现在以下三个方面。

第一,吸引海外高校在新加坡开设分校,建立校园枢纽。1998年,新加坡经济发展委员会致力于邀请世界一流大学到国内开设校区。① 到目前为止,新加坡政府吸引了美国的纽约州立大学布法罗分校、英国的曼彻斯特商学院、澳大利亚的纽卡斯尔大学、中国的上海交通大学等16所外国大学在新加坡开设分校。

第二,吸引高水平留学生和工作者,打造人才枢纽。在吸引留学生方面,新加坡运用与世界一流大学分校合作的契机,让本土大学与海外大学进行联合培养,学生有充分的自由选择本国校区或是海外校区,并享受两个校区的教师资源。以新加坡国立大学、南洋理工大学与麻省理工学院在1998年成立的工程教育联盟为例,这一联盟已经组织了5个研究生项目。② 除此之外,新加坡于2002年推出全球校园计划,加大教育财政投入(从2000年教育支出占GDP的1.9%提高到3%—5%),以工作、定居等优惠政策吸引国际学生毕业后留新。③ 在吸引高水平工作者方面,新加坡政府对待外籍劳工的看法发生了转变,从将外籍工人视作低技能和短期使用的权宜之计,转向将外籍劳工视作永久人力资源和对国内劳动力市场的重要补充。④ 之后的外来人才政策更加强调要吸引各行各业的顶尖人才。

第三,积极发展医药、科技相关产业,打造科技创新枢纽。一方面,新加坡自2000年起,开始实施生物医学科学计划,在基础生物医药研究领

---

① MOK,KA HO. The Quest for Regional Hub of Education: Growing Heterarchies, Organizational Hybridization, and New Governance in Singapore and Malaysia[J]. Journal of Education Policy,2011,26.1: 61—81.
② Ibid.
③ 王焕芝.新加坡构建亚洲高等教育枢纽的路径与挑战[J].比较教育研究,2017,39(07): 3—11.
④ K,C,HO. Industrial Restructuring, the Singapore City-State, and the Regional Division of Labour[J]. Environment and Planning A,2016.

域大规模招募国内外科学家,并提供具有吸引力的薪酬体系和长期资金资助,将生物医学科学产业打造成经济发展的新引擎和工业生产的第四大支柱。① 另一方面,2006年,新加坡开始实施卓越研究与科技企业校园计划,旨在通过国际顶级研究机构、大学与企业的科研人员之间的合作与互动,研究和探讨重大科学前沿问题,打造科技创新枢纽。②

二、马来西亚教育枢纽

马来西亚面积33万平方公里,人口3280万人。2019年,马来西亚的GDP为3652亿美元,人均GDP为11132美元。在《2020年全球竞争力报告》中,马来西亚在全球63个经济体中竞争力排名第二十七;在《2020年IMD世界人才排名报告》中,马来西亚排名第二十三。

马来西亚高等教育体系包括政府资助的公立高等教育机构和私立高等教育机构两大主体。政府资助的公立高等教育机构包含公立综合性大学、理工大学、社区学院以及教师培训机构;私立高等教育机构包含私立大学、私立大学学院、私立学院和外国高校分校等。公立大学和私立高等教育机构的本国学生数量占比差不多,基本维持在5∶5的比例。③ 但私立高等教育机构的国际学生数量远大于公立高等教育机构。据统计,2002年—2013年,国际学生数量中私立高等教育机构的国际学生数量占比72.63%。④ 同时,马来西亚也存在混合机构,这些机构由政府提供部分资助,但机构本身是私营实体。⑤

马来西亚建立教育枢纽的战略目标始于2007年发布的《国家高等教

---

① 刘宏.新加坡的国际人才战略及其对中国的启示[J].第一资源,2012(01):123-130.
② SIDHU R, HO K C, YEOH B S A. Singapore: Building a Knowledge and Education Hub[M]. International Education Hubs. Springer Netherlands, 2014: 121-143.
③ 邹晓东,程春子.区域教育中枢建设:理念、模式与路径——马来西亚、卡塔尔和新加坡典型案例比较研究[J].比较教育研究,2017,39(11):3-15.
④ 王焕芝.马来西亚高校国际学生流动态势研究[J].比较教育研究,2016,38(10):37-45.
⑤ MOHD ISMAIL ABD AZIZ, DORIA ABDULLAH. Malaysia: Becoming an Education Hub to Serve National Development. In: Jane Knight. International Education Hubs: Student. Talent, Knowledge Innovation Models[M]. Springer 2014. 102-104.

育战略规划2020》,明确其区域教育中枢的建立目标之一是提升马来西亚高等教育的国际化水平,在2020年前拥有20万名国际留学生,使之进入国际留学生选择目的地国家世界前六名。[1] 马来西亚的教育枢纽功能主要体现在以下几个方面。

第一,同新加坡一样,马来西亚也吸引了一批国际知名大学到马来西亚开设分校。到目前为止,马来西亚政府吸引了英国的诺丁汉大学、澳大利亚的莫纳什大学、中国的厦门大学等15所外国大学在马来西亚开设分校。

第二,同新加坡一样,马来西亚不断吸引国际学生。在政府牵头下,马来西亚从1997年开始在世界多国组织教育巡回展,加强本国高等教育的海外招生宣传工作。[2] 在此之后,马来西亚高等教育机构的国际学生数量开始大幅增加,从2007年的30581名到2016年的124133名留学生,10年间增长了3倍。

第三,马来西亚积极打造高等教育公私二元制结构。1990年后,马来西亚政府就开始着手将本国高等教育向私有化、市场化和国际化推进。[3] 此后,马来西亚私立高等教育机构迅速发展,成为招收国际学生的主力军。这些机构不仅为国际学生提供语言培训以及预科课程,还与国外大学合作,提供多种教育项目。

第五节 总结与启示

一、国际区域教育战略模式

(一)高等教育战略模型

东京湾区、纽约湾区和旧金山湾区的经济发展处于全球领先水平,

---

[1] AZIZ M, D A BDULAH. Malaysia: Becoming an Education Hub to Serve National Development[J]. Springer Netherlands, 2014.

[2] 王喜娟,吴坚,王笑盈.国际化与马来化:马来西亚高等教育国际化进程及其特质探析[J].比较教育研究,2023,45(03):92—102.

[3] 宋佳.亚洲高等教育枢纽之争:路径、政策和挑战[J].外国教育研究,2015,42(12):79—91.

人均GDP均超过5万美元,其中旧金山湾区的人均GDP超过10万美元。三大湾区的第三产业比重均超过了80%,世界500强企业的数量分别为39个、22个和11个。

表2-1 东京湾区、纽约湾区、旧金山湾区经济发展水平的比较

	东京湾区	纽约湾区	旧金山湾区
GDP(亿美元)	16249	14000	8000
人均GDP(美元/人)	51428	59800	105263
第三产业比重	82.30%	89.40%	82.80%
世界500强企业数量	39	22	11
世界500强大学数量	5	12	9
PCT[①]申请量	113244	12302	39748
在PCT申请总量中的份额	10.81%	1.17%	3.8%
科学出版物	143822	137263	89974
在出版物总量中的份额	1.66%	1.58%	1.04%
全球创新指数排名	1	8	5

与领先的经济发展水平相对应的是,东京湾区、纽约湾区和旧金山湾区的高等教育发展也蒸蒸日上。世界知识产权发布的《2020年全球创新指数》显示,三大湾区在专利申请总量中的份额以及在出版物总量中的份额表现不俗,区域创新指数分别排名第一、第八和第五。2019年的QS世界大学500强排名中,东京湾区有5所高校上榜,纽约湾区为12所,旧金山湾区为9所。三大湾区形成了以东京为中心的"中心+边陲"同步发展的东京湾区大学集群发展模式,纽约、波士顿、华盛顿的"多中心+轴线"式的纽约大湾区大学集群发展模式,由五个世界一流大学为引领的多中心互补组团式的旧金山大湾区大学集群发展模式。

---

① PCT是国际专利合作条约的英文简称,它是继《保护工业产权巴黎公约》之后专利领域最重要的国际条约,由总部设在日内瓦的世界知识产权组织管辖。PCT专利申请量被认为是衡量一个国家或地区科技研发能力的核心指标。

（二）职业教育战略模式

德国职业教育"分流＋双元"模式。以机械制造业为主的德国需要众多产业工人和工程师，职业教育成为大量此类人才的培训场，"分流＋双元"成为德国职业教育的主要模式。其职业教育从小学毕业就开始分流，小学毕业生可以选择职业预校或实科中学学习，毕业后完成双元制职业学校或全日制职业专科学校的学习，最终进入就业市场。第二次分流主要体现在实科中学的毕业生身上。他们可以选择类似于中等职业教育的双元制职业学校或全日制职业专科学校，毕业后直接就业；也可以选择具备职业立交桥作用的高中学校，以此为跳板，进入具备职业教育性质的专科大学或普通高等教育性质的综合大学。两阶段的分流完成了高水平技能人才的专门培养，创造了德国国家建设的重要劳动力源泉和人力资本。双元制职业教育主要体现在第二阶段的职业学校和高等教育的职业学院，职业学校主要培养普通技术工人，为社会输送高级工程师。与全日制职业教育相比，双元制的职业教育更受德国民众欢迎。双元制职业教育的学习场所双元，既在学校学习理论，也在企业学习技能；指导教师双元，既有学校教师，也有企业师傅；学生身份双重，既是学校学生，又是企业学徒。企业承担了主要的技能培训，与学生签订实习合同并发放工资。学校只传授理论知识，不进行实训。行业协会通过交涉、谈判和协商从而影响专业教学标准的制定，组织全国统考，具备职业资格证书的发放权。

（三）基础教育战略模式

芬兰基础教育"自然生长＋自我发展"模式。芬兰国民享有极高标准的生活品质，非常注重自我发展与幸福。反映在教育上，芬兰践行着"自然生长＋自我发展"基础教育模式。芬兰有着丰富的自然资源，其中森林覆盖率约80%，岛屿约17.9万个，湖泊约18.8万个。其基础教育充分运用自然资源，运用自然学习法、现象教学法、沉浸式体验教学法，注重动手实践和自我体验，实施自然生长的教学理念。这对老师来说是巨大的挑战，芬兰的老师必须善于自我学习与自我发展，将多学科融会贯通，懂得如何将实践真正融入教学，在提升学生贯通能力的同时，关照学生的需求。除此之外,在"每个学生都是独一无二的"这一教学理念的影响下,每个学生都有属于自己的一套学习目标和过程,学校对后进生也会有补救教学,注重每个学生不同程度的进步,而不是全班同学整齐划一。"有教无类""因材施教"在芬兰的基础教育中体现得淋漓尽致。

(四)国际教育战略模式

新加坡与马来西亚教育枢纽。虽然都是建立教育枢纽,但新加坡和马来西亚的初衷并不一样。新加坡是为了吸引外来人力资本提升全国经济发展水平,从国家层面制定优惠政策,打造教育枢纽;马来西亚是寄希望于国际教育带来的经济收入,推动国内生产总值的提高。新加坡由此形成了科技枢纽发展模式。在教育与培训上,新加坡吸引海外高校到新加坡开设分校,招收国际学生,从而提升高等教育质量;在人力资本上,吸引外国高科技人才到新加坡就业,并对国际毕业生推出优惠政策以吸引人力资本在本国就业,海外大学分校也起到了人才蓄水池的作用;在科技创新上,新加坡根据本国产业特点,实施医药、科技计划吸引相关人才集聚,进行知识生产和创新应用。马来西亚形成的是学生枢纽发展模式。在教育与培训上,马来西亚除了吸引海外高校在本国开设分校,还鼓励众多私立教育机构开设海外业务,吸引更多的留学生到马来西亚求学;在人力资本上,马来西亚在吸引国外人才和储备专业人才上稍显薄弱;在科技创新上,不管是知识生产还是创新应用,都不是马来西亚教育的主攻方向。

二、国际区域教育启示

(一)京津冀:以建设雄安新区为契机,借鉴筑波科学城的发展模式

20世纪60年代,东京湾区在日本政府的大力扶持下,在东京的卫星城市筑波,建立筑波科学城,以此分散东京日益猛增的人口,转移部分城市职能,并缓解科研教育资源过于集中等问题。2017年4月,中共中央、国务院印发通知,决定设立雄安新区。2019年9月,北京开始从政策层面疏解非首都功能,促进京津冀协同发展。由此看出,东京湾区与京津冀

地区的发展有相似之处，都是为了缓解首都"大城市病"带来的问题，从政府层面建立并带动周边卫星城发展。雄安新区可以借鉴筑波科学城的做法，以建立雄安大学为契机，吸引北京乃至全国的大学、科研机构、科技企业进驻雄安，打造具有一定规模的雄安大学城。

（二）长三角和粤港澳：依托湾区经济优势，打造共享型教育高地

从湾区 GDP、人均 GDP、世界 500 强企业数量、世界 500 强大学数量、PCT 申请量、科技出版物数量可以看出，长三角地区、粤港澳大湾区、纽约湾区、旧金山湾区的经济发展水平和高等教育发展水平不相上下。长三角区域、粤港澳大湾区可以借鉴纽约湾区、旧金山湾区大学集群的发展优势，发挥湾区大学集群的"集聚－溢出"效应，区域内大学之间可以优势互补，合作办学：一部分大学放眼国际，吸引全球优秀师资和优质生源到湾区；另一部分大学办出特色，在自身领域做精做细。

（三）东北三省：探索双元制职业教育，形成企业－学校－政府职业教育体系

德国职业教育是全世界职业教育的典范，既有全日制职业教育也有双元制职业教育，其中双元制是德国职业教育的名片。双元制职业教育既包括学历教育也包括非学历教育。双元制学历教育主要以职业学院的形式体现，毕业后获得高等教育学历；双元制非学历教育主要以职业学校的形式体现，学生可以选择到职业学校接受双元制教育，结业后立即投入到劳动力市场中。东北三省可以采用双元制职业教育模式，探索企业和学校共同培养职业学生的路径：企业把职业教育学生当学徒，在传授工作技能的同时，也发放相应工资；学校与企业共同商定授课内容，以培养通识技能、工作技能为主，政府相关部门负责发放相应证书。

（四）西部地区：加强文化挖掘，形成西部特色的基础教育体系

虽然 2018 年中国学生 PISA 排名第一，但芬兰学生也取得了第六名的成绩，并且芬兰曾在 2003 年的 PISA 排名第一。中国学生勤学苦练，学习时间全球最长，但有些学生的学习效率却比较低、幸福感不高；芬兰学生学习时间全球最短，但有些学生的学习效率很高、幸福感很高。两个

教育实践完全相反的国家,都取得了世界瞩目的成绩。回观国内,西部地区在办学条件、教育经费等方面确实需要获得更多的投入,以弥补东西部差距。但在教育理念、教育实践等方面,芬兰的基础教育给了西部地区另一个视角,即不应该把差异看作差距,而是看重学生个体特点和当地特色。西部地区诸如重庆、成都、西安等城市正在进入新一线城市的行列,经济发展正在带动基础教育发展。因此,西部地区完全可以在办学条件不断完善的基础上,学习芬兰模式,根据当地特点,将基础教育结合到当地的一草一木、一砖一瓦中,让学生在可感知的生活中学习。

(五)海南自贸港:提升本土教育质量,打造国际教育枢纽

新加坡和马来西亚的国际教育枢纽功能都是从政府的角度自上而下展开的。海南也不例外,从2019年开始,教育部、海南省人民政府提出要推动海南建设国际教育创新岛,扩大教育开放,把海南自贸港建设成为中国特色社会主义教育创新发展的国际化基地。海南可以充分抓住打造国际教育创新岛的机会,通过政策福利、资金支持、绿色通道保障等途径,提高教育质量。除此之外,海南可以借鉴新加坡和马来西亚的教育枢纽发展过程,从提升教育质量开始,吸引国外内人才入驻岛内。在2020年QS世界大学排名前500名中,新加坡有3所大学入榜,马来西亚有7所大学入榜,其中新加坡国立大学和新加坡南洋理工大学位居全球大学前20名。新加坡和马来西亚这两个国家成为国际教育枢纽的前提是保证本土高等教育质量能够获得国际高等教育界的认可。海南自贸港虽然暂时没有高校进入世界前列,但完全可以以国内"双一流"大学建设为契机,在保证海南大学高质量发展的同时,带动海南师范大学、海南医学院等高校的进一步发展。

第三章

六大区域各级各类教育发展现状

第三章 六大区域各级各类教育发展现状

本章旨在通过对相关指标的数据进行统计分析,以期了解学前教育、义务教育、普通高中教育、中等职业教育和高等教育在京津冀、东北三省、长三角、粤港澳、海南自贸港、西部地区六大区域的基本情况。其中,学前教育选取教师学历、生均图书册数、生均校舍建筑面积、离园(班)人数、小学招生人数中受过学前教育人数的比例5个指标;小学教育和初中教育分别选取教师学历、生均图书册数、每百名学生计算机数、生均运动场地面积,生均校舍建筑面积5个指标;普通高中教育和中等职业教育选取学校数量、在校生数、专任教师数、生师比、教师学历、生均图书册数、每百名学生计算机数、生均运动场地面积8个指标,在此基础上,普通高中教育还选取了生均校舍建筑面积这一指标[①];高等教育选取9个指标,分别是普通高等学校数量、在校生数及其占本地区总人口数比例、"双一流"建设高校数量、泰晤士高等教育世界大学排名（Times Higher Education World University Ranking,以下简称THE)上榜高校数量、研究与发展项目经费支出、国内外论文发表篇数、国际论文发表篇数及其占比、国际学术会议交流论文篇数和国际合作交流派遣人次。

第一节 六大区域学前教育发展现状

本节主要从投入与产出两个维度对六大区域的学前教育现状与变化趋势进行描述分析,其中投入指标包括幼儿园园长、专任教师中具有大专及以上学历比例,生均图书册数与生均校舍建筑面积;产出指标分别为离园(班)人数与小学招生人数中受过学前教育人数的比例。

[①] 根据教育部2020年12月印发的《中国教育监测与评价统计指标体系(2020年版)》中的相关内容,中等职业学校的生均校舍建筑面积的计算方式与其他基础教育阶段的计算方式不同,因此,本章中中等职业教育未选取生均校舍建筑面积这一指标。

一、幼儿园园长、专任教师中具有大专及以上学历比例

2013—2019年全国以及不同区域幼儿园园长、专任教师中具有大专及以上学历比例的情况如表3-1和图3-1所示,长三角连续7年稳居首位,远高于其他五个区域;从7年均值来看,只有粤港澳与海南自贸港低于全国平均水平。图3-1的变化趋势表明,长三角幼儿园园长、专任教师中具有大专及以上学历比例由2013年的80.97%增加到2019年的95.51%,与其他几个区域的差距进一步拉大;2013—2019年间,其他五个区域的幼儿园园长、专任教师中具有大专及以上学历比例逐渐接近。此外,除长三角、东北三省之外的其他四个区域的幼儿园园长、专任教师中具有大专及以上学历比例的排序发生了相对较大的变化,西部地区、粤港澳分别由2013年的第四位、第六位上升至2019年的第二位、第四位,尤其是粤港澳地区凭借较快的上升趋势迅速缩小了与另外四个区域(除长三角之外)的差距;与之对应的是,京津冀与海南自贸港的排序有所下降。上述统计结果表明,经济发达并且区域内部的经济发展水平相对均衡的地区,如长三角,对学前教育阶段大专及以上学历教师的吸引能力更强,当地的学前教育的人力资源投入质量更高。

表3-1 2013—2019年不同区域幼儿园园长、专任教师中具有大专及以上学历比例

	2013年	2014年	2015年	2016年	2017年	2018年	2019年	均值	排序
长三角	80.97%	85.40%	88.53%	91.30%	93.07%	94.43%	95.51%	89.89%	1
西部地区	71.24%	73.71%	77.00%	79.20%	81.41%	83.49%	85.52%	78.80%	2
京津冀	76.32%	77.24%	77.31%	78.65%	79.60%	80.48%	81.69%	78.76%	3
东北三省	73.74%	74.88%	76.42%	77.70%	80.07%	82.15%	84.13%	78.44%	4
海南自贸港	68.45%	66.60%	70.15%	73.79%	76.02%	78.20%	80.01%	73.32%	5
粤港澳	60.07%	62.61%	66.11%	70.94%	77.40%	79.99%	82.23%	71.34%	6
全国	69.38%	72.10%	74.90%	77.55%	79.97%	81.88%	83.57%	77.05%	

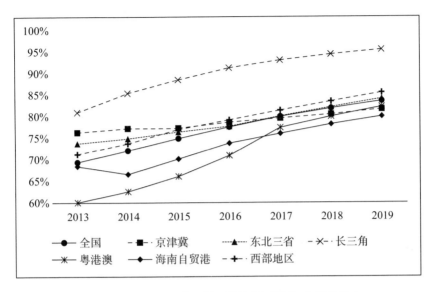

图 3-1 2013—2019 年不同区域幼儿园园长、专任教师中
具有大专及以上学历比例变化

二、生均图书册数

表 3-2 是对全国以及六个区域的幼儿园生均图书册数的统计分析。从 2013—2019 年均值来看,长三角、粤港澳、京津冀以及海南自贸港的生均图书册数分别位居前四位,高于全国均值 7.31 册;东北三省与西部地区低于全国均值,位列最后两名。从 2019 年数据来看,长三角、粤港澳、京津冀均超过了 10 册,而西部地区与东北三省仅为 8.3 册与 8.7 册。在变化趋势方面,2013—2019 年间,海南自贸港生均图书册数在 2014—2016 年间有一定的波动,其位次由第三位升至第二位,随后又降至第四位;其他五个区域的生均图书册数均明显上升;并且西部地区的上升速度略快于东北三省,两者间的差距逐渐减小,由 2013 年的 0.94 册变为 2019 年的 0.4 册,但六大区域间仍然存在一定差距。从上述结果不难看出,经济越发达的区域,学前教育的图书资源投入越充足。

表 3-2 2013—2019 年不同区域学前教育生均图书册数(册)

	2013年	2014年	2015年	2016年	2017年	2018年	2019年	均值	排序
长三角	7.68	8.48	9.09	9.49	10.17	10.96	11.74	9.66	1
粤港澳	6.88	8.00	8.73	9.17	9.73	10.29	10.83	9.09	2
京津冀	6.50	7.06	7.76	8.35	9.03	9.70	10.54	8.42	3
海南自贸港	5.94	7.17	8.92	7.49	7.83	8.09	9.46	7.84	4
东北三省	5.52	6.18	6.75	7.27	7.48	8.27	8.70	7.17	5
西部地区	4.58	5.23	6.03	6.46	6.81	7.51	8.30	6.42	6
全国	5.62	6.27	6.91	7.36	7.37	8.45	9.15	7.31	

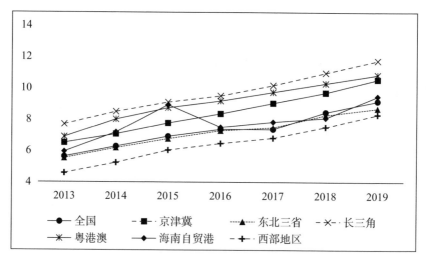

图 3-2 2013—2019 年不同区域学前教育生均图书册数变化趋势(册)

三、生均校舍建筑面积

从表 3-3 的均值可以发现,长三角与粤港澳属于第一梯队,生均校舍建筑面积最大,随后是东北三省与海南自贸港,而京津冀与西部地区位居最后两名。这一排序与生均图书册数的差异在于,京津冀的生均图书册数排名第三,但生均校舍建筑面积排名第五。就变化趋势而言,六个区域的生均校舍建筑面积均有不同程度的增长。其中海南自贸港的增长幅度最为明显,增加了 4.34 平方米;其次是西部地区和东北三省分别增加了 3.41 平方米和 3.4 平方米,并且自 2017 年起,海南自贸港和东北三省的生均校舍建筑面积与第一梯队的长三角、粤港澳开始持平;而西部地区的增长幅度(3.41 平方米)高于京津冀(2.86 平方米),到 2019 年时,西部地区开始反超京津冀,但这两个区域与另四个区域相比,仍然存在一定差距。

表 3-3　2013—2019 年不同区域学前教育生均校舍建筑面积(平方米)

	2013 年	2014 年	2015 年	2016 年	2017 年	2018 年	2019 年	均值	排序
长三角	6.46	7.03	7.32	7.72	8.07	8.71	9.37	7.81	1
粤港澳	6.35	6.99	7.27	7.55	7.88	8.51	8.95	7.64	2
东北三省	5.85	6.37	6.76	7.41	7.64	8.59	9.25	7.41	3
海南自贸港	4.81	5.95	6.68	7.08	7.54	8.46	9.15	7.10	4
京津冀	4.81	5.21	5.59	5.90	6.28	7.01	7.67	6.07	5
西部地区	4.27	4.76	5.23	5.73	5.61	7.01	7.68	5.75	6
全国	5.18	5.68	6.06	6.50	6.97	7.60	8.24	6.60	

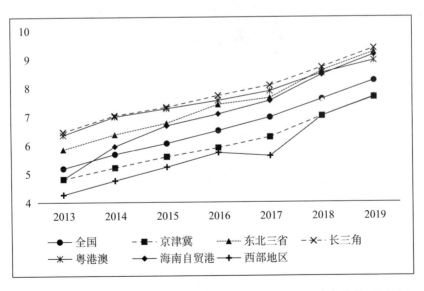

图 3-3　2013—2019 年不同区域学前教育生均校舍建筑面积变化趋势(平方米)

四、离园(班)人数

图 3-4-1 呈现了 2019 年不同区域的离园(班)人数占全国所有离园(班)人数比例的统计结果。从图 3-4-1 可以发现,在六个区域中,西部地区的离园(班)人数占比最高,约占 30%,远远高于其他五个区域;海南自贸港的占比最低,仅为 0.8%;排名倒数第二的是东北三省,为 3.84%;除六个区域之外的其他地区的离园(班)人数占全国总数的 1/3 左右。表 3-4 与图 3-4-2 显示,粤港澳与西部地区的离园(班)人数增长幅度最为明显,前者从 2013 年的 108.25 万增长到 2019 年的 178.35 万,后者从 2013 年的 459.28 万增长到 2019 年的 542.98 万。长三角、京津冀和海南自贸港的离园(班)人数均有小幅上升。与之相反,东北三省的离园(班)人数略有下滑,从 2013 年的 73.67 万人下降到 2019 年的 67.74 万人。

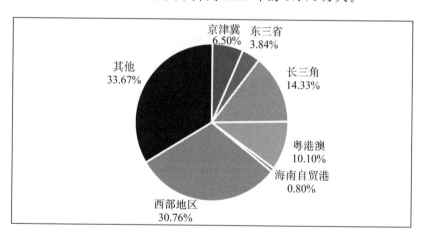

图 3-4-1 2019 年不同区域离园(班)人数占比

表 3-4 2013—2019 年不同区域离园(班)人数(万人)

	2013年	2014年	2015年	2016年	2017年	2018年	2019年	均值	排序
西部地区	459.28	470.16	482.71	501.46	511.33	555.25	542.98	503.31	1
长三角	220.01	225.51	231.41	232.07	237.83	257.31	252.91	236.72	2

(续表)

	2013年	2014年	2015年	2016年	2017年	2018年	2019年	均值	排序
粤港澳	108.25	114.29	129.37	140.38	143.50	180.28	178.35	142.06	3
京津冀	96.37	99.68	105.80	107.82	111.27	114.98	114.76	107.24	4
东北三省	73.67	69.22	68.88	68.45	66.72	68.14	67.74	68.97	5
海南自贸港	10.55	10.98	11.20	11.58	12.79	14.28	14.17	12.22	6
全国	1491.73	1527.16	1590.26	1623.18	1652.67	1790.63	1765.17	1634.40	

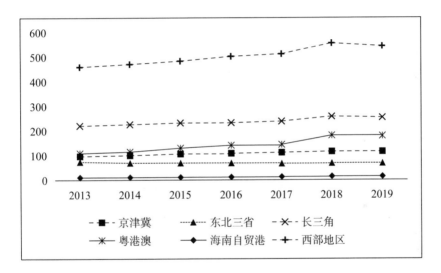

图 3-4-2 2013—2019 年不同区域离园(班)人数变化趋势(万人)

五、小学招生人数中受过学前教育人数的比例

上一部分的离园(班)人数反映了一个地区的学前教育产出数量,而小学招生人数中受过学前教育人数的比例则在一定程度上能够衡量学前教育产出质量。表 3-5 表明,2013 年六个区域的小学招生人数中受过学前教育人数的比例差异较大,其中最高的为京津冀,达到了 99.7%;西部地区最低,仅为 92%;2019 年,六个区域的差距明显缩小,西部地区的比例仍然最低,但也超过了 98%。从图 3-5 的变化趋势来看,2013 年小学招生人数中受过学前教育人数比例较低的区域,如西部地区和海南自贸

港,上升幅度最大。此外,2013年已达到99.03%的长三角则在2019年达到了99.97%,接近100%,在六大区域中位居首位。总体来看,全国各区域小学招生人数中受过学前教育人数的比例持续上升,区域间差距逐年缩小,表明我国学前教育普及水平不断提高。

表3-5 2013—2019年不同区域小学招生人数中受过学前教育人数的比例

	2013年	2014年	2015年	2016年	2017年	2018年	2019年	均值	排序
京津冀	99.70%	99.66%	99.74%	99.88%	99.95%	99.97%	99.96%	99.84%	1
长三角	99.03%	99.77%	99.91%	99.95%	99.88%	99.92%	99.97%	99.77%	2
东北三省	99.05%	99.19%	99.31%	99.28%	99.58%	99.71%	99.47%	99.37%	3
粤港澳	96.91%	96.87%	97.31%	98.26%	97.76%	98.92%	98.87%	97.84%	4
海南自贸港	93.76%	93.93%	95.49%	95.45%	98.62%	99.19%	99.45%	96.56%	5
西部地区	92.00%	94.17%	94.84%	95.91%	97.16%	98.02%	98.39%	95.79%	6
全国	96.84%	97.65%	97.98%	98.36%	98.67%	99.05%	99.28%	98.26%	

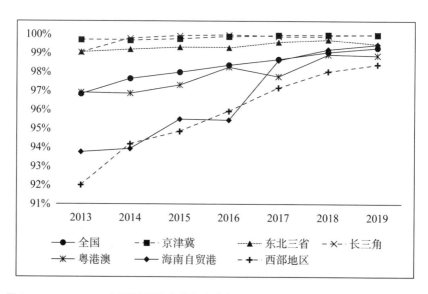

图3-5 2013—2019年不同区域小学招生人数中受过学前教育人数的比例变化趋势

对六大区域的学前教育指标的统计结果表明,不同区域之间的学前教育发展现状及趋势存在较为明显的差异。(1)从投入指标来看,长三角的幼儿园园长、专任教师中具有大专及以上学历比例遥遥领先于其他五个区域,除长三角之外的五个区域间的差距逐年缩小;与之类似,长三角、粤港澳以及京津冀的经济发展水平高,在生均图书册数上优于另外三个区域,但六个区域总体上均稳定上升;西部地区与京津冀的生均校舍建筑面积一直小于其他四个区域以及全国平均水平,但西部地区与京津冀之间、其他四个区域之间的差距都在不断缩小。(2)从产出指标来看,西部地区的离园人数约占全国的1/3,而海南自贸港和东北三省的占比均未超过4%,增长趋势最为明显的是粤港澳与西部地区;西部地区、海南自贸港以及粤港澳的小学招生人数中受过学前教育人数的比例在早期低于其他三个区域,但这种差距正在逐年减小并趋于均衡。

第二节　六大区域小学教育发展现状

本节主要从资源投入与办学条件两个方面对六大区域的小学教育现状进行统计分析,前者包括专科及以上学历教师比例这一人力资源投入指标,以及生均图书册数与每百名学生计算机数这两个物力资源投入指标,办学条件指标包括生均运动场地面积和生均校舍建筑面积。

一、专科及以上学历教师比例

2013—2019年不同区域小学教育专科及以上学历教师比例情况如表3-6和图3-6所示。从不同区域的排序来看,京津冀、长三角以及粤港澳的均值都在95.5%以上,其次是东北三省(94.23%),这四个区域高于全国平均水平(93.10%),西部地区(92.41%)与海南自贸港(88.78%)位居后两名,并且海南自贸港与其他五个区域的差距较大。不难发现,经济较为发达的京津冀、长三角、粤港澳居前三位,而经济落后的西部地区与海南自贸港则排名最后两位。可见,小学教育的师资投入力量与当地整体经济发展水平密切相关。图3-6的变化趋势显示,2013—2019年间,六大区域的小学教育专科及以上学历教师比例均呈现明显的上升趋势,其中,西部地区的增速最大,与排名前四的京津冀、长三角、粤港澳以及东北三省的差距不断缩小。

表3-6 2013—2019年不同区域小学教育专科及以上学历教师比例

	2013年	2014年	2015年	2016年	2017年	2018年	2019年	均值	排序
京津冀	91.41%	93.55%	95.22%	96.35%	97.47%	98.12%	98.55%	95.81%	1
长三角	90.46%	92.72%	94.72%	96.32%	97.69%	98.50%	98.99%	95.63%	2
粤港澳	90.06%	93.33%	95.25%	96.35%	97.41%	98.14%	98.55%	95.59%	3
东北三省	89.78%	91.74%	93.35%	94.60%	95.66%	96.81%	97.67%	94.23%	4
西部地区	86.66%	89.18%	91.23%	92.89%	94.43%	95.82%	96.66%	92.41%	5
海南自贸港	83.33%	85.70%	87.82%	88.25%	90.77%	92.35%	93.25%	88.78%	6
全国	87.33%	89.84%	91.89%	93.65%	95.26%	96.49%	97.26%	93.10%	

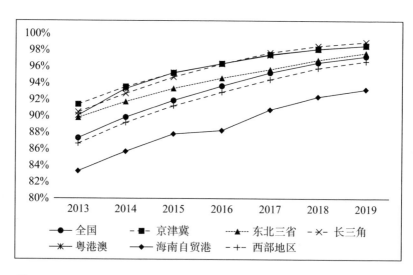

图3-6 2013—2019年不同区域小学教育专科及以上学历教师比例变化趋势

二、生均图书册数

不同区域小学教育的生均图书册数均值的排序总体为:京津冀稳居首位(26.55 册),长三角(23.57 册)、东北三省(22.90 册)与粤港澳(21.52册)分别位居第二到第四位,这四个区域均高于全国平均值21.45册,而西部地区与海南自贸港都在 20 册以下,这一排序与学前教育生均图书册数基本类似。小学教育与学前教育在生均图书册数上的差异主要体现在变化趋势上,除海南自贸港个别年份略有波动外,其他五个区域的学前教育生均图书册数都是逐年稳步上升,且增速相对一致;但在小学教育阶段,东北三省与西部地区的增幅明显,除粤港澳之外的三个区域有微弱上升,而粤港澳在最近三年有小幅下降。不难看出,相较于学前教育,小学教育图书资源投入的地区差异问题更为突出。

表 3-7　2013—2019 年不同区域小学教育生均图书册数(册)

	2013 年	2014 年	2015 年	2016 年	2017 年	2018 年	2019 年	均值	排序
京津冀	24.41	25.11	25.94	26.34	27.80	28.14	28.15	26.55	1
长三角	22.19	22.25	22.33	23.19	24.17	24.99	25.85	23.57	2
东北三省	18.01	19.89	21.79	23.81	25.05	25.72	26.05	22.90	3
粤港澳	21.67	21.55	21.62	21.70	21.66	21.39	21.06	21.52	4
西部地区	16.27	17.30	18.55	19.95	21.47	22.36	22.92	19.83	5
海南自贸港	15.47	15.83	15.58	16.06	17.26	17.59	17.86	16.52	6
全国	18.92	19.71	20.44	21.53	22.67	23.24	23.60	21.45	

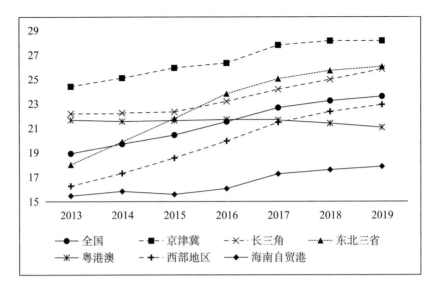

图 3-7　2013—2019年不同区域小学教育生均图书册数变化趋势(册)

三、每百名学生计算机数

从小学教育每百名学生计算机数均值来看,长三角、粤港澳以及京津冀都在13.5台以上,位居前三;随后是东北三省,为12.76台,这四个区域高于全国平均值(10.98台),而西部地区与海南自贸港都在10台以下。图3-8的变化趋势显示,六大区域的小学教育每百名学生计算机数都在逐年上升,但不同区域间的差距并没有因此减少。这些规律与不同区域学前教育生均图书册数、小学教育生均图书册数的排序以及变化情况比较接近。这进一步说明,教育的物力资源投入力度与当地经济的整体发展水平密切相关。

表3-8　2013—2019年不同区域小学教育每百名学生计算机数(台)

	2013年	2014年	2015年	2016年	2017年	2018年	2019年	均值	排序
长三角	12.23	12.92	13.67	14.79	15.84	16.30	16.80	14.65	1
粤港澳	9.23	11.59	13.30	13.91	15.01	15.81	15.96	13.54	2
京津冀	10.79	12.11	12.87	13.64	14.85	15.12	15.31	13.53	3

(续表)

	2013年	2014年	2015年	2016年	2017年	2018年	2019年	均值	排序
东北三省	9.03	10.15	11.49	13.16	14.50	15.41	15.59	12.76	4
西部地区	5.97	7.05	8.33	9.96	11.52	12.46	12.78	9.73	5
海南自贸港	5.78	7.11	8.51	9.57	10.41	11.00	11.26	9.09	6
全国	7.82	8.96	9.97	11.18	12.41	13.12	13.42	10.98	

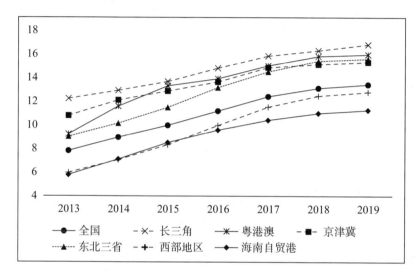

图 3-8　2013—2019年不同区域小学教育每百名学生计算机数变化趋势(台)

四、生均运动场地面积

从表3-9可以看出,东北三省的小学教育生均运动场地面积最大,均值为12平方米,遥遥领先于其他五个区域;京津冀、海南自贸港与西部地区均高于全国平均值7.17平方米;粤港澳与长三角都在7平方米以下。在变化趋势方面,东北三省的下降趋势非常明显,其次是海南自贸港,也有较大的下降幅度,京津冀与粤港澳下降较少,而西部地区则有小幅上升。总体来看,全国平均水平的变化幅度较小,六个区域之间的均衡程度逐年增加。

表 3-9　2013—2019 年不同区域小学教育生均运动场地面积(平方米)

	2013年	2014年	2015年	2016年	2017年	2018年	2019年	均值	排序
东北三省	15.03	14.08	12.57	11.40	10.93	10.30	9.65	12.00	1
京津冀	8.86	8.48	8.18	8.05	8.11	8.01	7.83	8.22	2
海南自贸港	9.49	8.76	8.12	7.76	7.15	7.04	6.91	7.89	3
西部地区	6.51	6.71	7.02	7.27	7.72	7.91	7.83	7.28	4
粤港澳	7.01	7.19	7.07	6.79	6.70	6.47	6.23	6.78	5
长三角	6.58	6.38	6.13	6.14	6.33	6.44	6.59	6.37	6
全国	7.23	7.17	7.08	7.07	7.23	7.25	7.15	7.17	

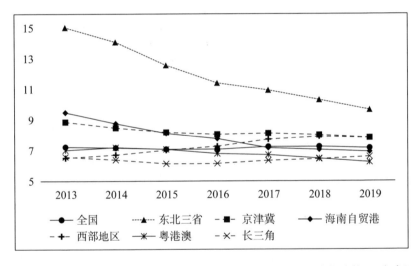

图 3-9　2013—2019 年不同区域小学教育生均运动场地面积变化趋势(平方米)

五、生均校舍建筑面积

表 3-10 与图 3-10 展现了 2013—2019 年不同区域小学教育生均校舍建筑面积情况。其中,全国均值为 7.19 平方米,西部地区、长三角、粤港澳以及海南自贸港高于全国均值,分别位居第一到第四位,京津冀与东北三省低于全国均值,排名最后。从图 3-10 的变化趋势来看,与小学教育生均图书册数变化一致的是,粤港澳是唯一一个小学教育生均校舍建筑

面积呈现下降趋势的区域,说明当地可能存在小学生源数量增多,但教育用地供给不足等问题。此外,西部地区不仅小学教育生均图书册数增长较快,其小学教育生均校舍建筑面积也在六大区域中增长最快,这可能与国家实施西部大开发战略,西部地区的教育资源投入不断增加有关。

表 3-10 2013—2019 年不同区域小学教育生均校舍建筑面积(平方米)

	2013 年	2014 年	2015 年	2016 年	2017 年	2018 年	2019 年	均值	排序
西部地区	6.67	7.00	7.24	7.58	7.93	8.16	8.30	7.56	1
长三角	6.89	6.99	7.12	7.34	7.63	7.86	8.13	7.42	2
粤港澳	7.66	7.74	7.62	7.46	7.31	7.13	7.00	7.42	3
海南自贸港	7.62	6.95	7.22	7.24	7.52	7.56	7.60	7.39	4
京津冀	6.42	6.59	6.54	6.62	6.85	6.93	6.98	6.71	5
东北三省	5.95	6.29	6.37	6.54	6.89	6.93	7.06	6.58	6
全国	6.63	6.85	6.95	7.16	7.44	7.60	7.73	7.19	

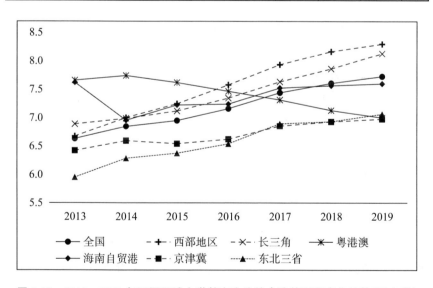

图 3-10 2013—2019 年不同区域小学教育生均校舍建筑面积变化趋势(平方米)

通过对六大区域小学教育阶段的资源投入与办学条件指标的统计描述可以得出:(1)在人力资源投入方面,整体经济发展水平较高的京津冀、长三角以及粤港澳,其小学教育专科及以上学历教师比例在六大区域中位列前三,海南自贸港最低;此外,近年来,除海南自贸港之外的五个区域之间的差距日益缩小。(2)在物力资源投入方面,不同区域的小学教育生均图书册数、每百名学生计算机数的排序与变化趋势基本类似;京津冀、长三角、粤港澳与东北三省排前四名,西部地区与海南自贸港排名最后;不同区域之间的差距在七年间没有缩小的迹象,表明教育的物力资源投入力度与当地经济的整体发展水平密切相关。(3)在办学条件方面,粤港澳与长三角的生均运动场地面积最小,东北三省生均运动场地面积最大,并且六个区域之间的均衡程度逐年增加;西部地区的生均校舍建筑面积最大,增长最快,而粤港澳排名第三,是唯一一个呈现下降趋势的区域;此外,不同区域小学教育生均校舍建筑面积之间的差距近年来一直没有减小。

第三节　六大区域初中教育发展现状

上一节从资源投入与办学条件两个维度对六大区域小学教育的情况进行了详细介绍,这一节将采用同样的指标,分别是本科及以上学历教师比例、生均图书册数、每百名学生计算机数、生均运动场地面积以及生均校舍建筑面积,对六大区域的初中教育情况进行描述性统计分析,并与小学教育情况进行比较。

一、本科及以上学历教师比例

从表3-11可知,长三角、京津冀、东北三省与粤港澳的初中教育本科及以上学历教师比例均值都在82%以上,高于全国均值(81.77%),西部地区与海南自贸港则低于全国平均水平,这一排序与小学教育专科及以上学历教师比例基本相同。在变化趋势方面,各个区域均表现出明显的增长趋势。其中,在2013年排名末位的粤港澳的增幅最为明显,六大区域初中教育本科及以上学历教师比例的极差也由2013年的13.69%降至2019年的9.7%。结合前文对小学教育的分析可知,近些年义务教育阶段师资投入质量的区域差异在不断缩小。

表3-11 2013—2019年不同区域初中教育本科及以上学历教师比例

	2013年	2014年	2015年	2016年	2017年	2018年	2019年	均值	排序
长三角	83.42%	87.45%	89.41%	90.76%	92.08%	93.07%	93.88%	90.01%	1
京津冀	78.85%	84.42%	86.40%	87.91%	89.19%	90.09%	90.83%	86.81%	2
东北三省	77.39%	81.33%	83.59%	85.34%	87.26%	88.43%	89.52%	84.69%	3
粤港澳	69.73%	77.15%	79.66%	82.78%	86.95%	89.45%	90.56%	82.33%	4
西部地区	72.35%	76.20%	78.79%	81.23%	83.30%	85.05%	86.24%	80.45%	5
海南自贸港	71.79%	74.53%	76.85%	78.61%	80.56%	82.74%	84.18%	78.46%	6
全国	73.57%	77.89%	80.23%	82.47%	84.63%	86.22%	87.35%	81.77%	

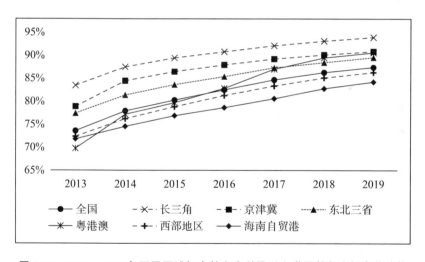

图3-11 2013—2019年不同区域初中教育本科及以上学历教师比例变化趋势

二、生均图书册数

从表3-12看出,初中教育生均图书册数的全国均值为33.25册,与不同区域小学教育生均图书册数的排序一样,长三角(40.11册)、东北三省(37.91册)、京津冀(36.73册)与粤港澳(35.15册)比全国平均水平

(33.25 册)高,都超过了 35 册,西部地区与海南自贸港分别为 30.25 册与 25.71 册,低于全国平均水平。图 3-12 表明,初中教育生均图书册数的变化趋势与小学也有诸多相似之处。首先,在各区域总体呈现上升趋势的情况下,东北三省与西部地区的增长势头最为明显;其次,2013—2019 年六大区域之间的差距有扩大的趋势,尤其是海南自贸港,与其他区域的差距在不断增大。

表 3-12 2013—2019 年不同区域初中教育生均图书册数(册)

	2013年	2014年	2015年	2016年	2017年	2018年	2019年	均值	排序
长三角	36.71	38.15	39.81	40.90	41.25	41.85	42.08	40.11	1
东北三省	28.51	31.69	36.48	40.66	42.69	42.70	42.65	37.91	2
京津冀	33.83	34.15	36.76	37.88	38.87	38.24	37.42	36.73	3
粤港澳	27.25	31.97	35.11	37.40	38.01	38.03	38.26	35.15	4
西部地区	23.75	26.04	28.80	31.41	33.35	34.02	34.36	30.25	5
海南自贸港	21.72	23.57	25.34	26.03	27.93	27.97	27.42	25.71	6
全国	28.23	30.19	32.42	34.37	35.64	35.89	35.99	33.25	

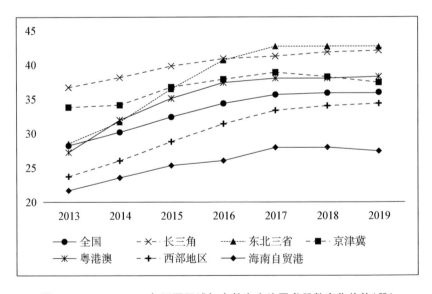

图 3-12 2013—2019 年不同区域初中教育生均图书册数变化趋势(册)

三、每百名学生计算机数

对比表 3-13 与图 3-13 可以发现,不同区域初中教育每百名学生计算机数的排序与生均图书册数基本相同,唯一的差别在于,在每百名学生计算机数这个指标中,粤港澳排名第三,京津冀排名第四,而这两个区域的生

表 3-13　2013—2019 年不同区域初中教育每百名学生计算机数(台)

	2013年	2014年	2015年	2016年	2017年	2018年	2019年	均值	排序
长三角	20.24	21.43	23.13	24.55	25.22	25.81	26.51	23.84	1
东北三省	16.43	17.74	19.66	22.07	23.78	24.05	24.45	21.17	2
粤港澳	12.21	16.37	20.00	22.51	24.17	25.49	26.31	21.01	3
京津冀	13.48	13.77	14.83	15.80	16.29	16.06	16.20	15.20	4
西部地区	9.44	10.67	12.33	14.18	15.55	16.15	16.38	13.53	5
海南自贸港	9.06	10.41	11.99	13.30	14.04	14.09	14.55	12.49	6
全国	12.26	13.57	15.12	16.63	17.73	18.22	18.57	16.01	

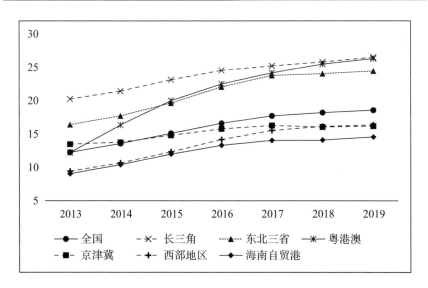

图 3-13　2013—2019 年不同区域初中教育每百名学生计算机数变化趋势(台)

均图书册数排序则刚好相反。进一步结合小学教育的每百名学生计算机数与生均图书册数的排序不难发现,在这四个指标中,排名前四位的都是长三角、京津冀、粤港澳与东北三省,西部地区紧随其后,海南自贸港排名末尾。此外,从变化趋势来看,不同区域在这四个指标方面的差距都没有随着时间的推移而呈现缩小的变化趋势。这一现象表明,义务教育阶段投入水平与当地经济状况息息相关,如果不同区域间的经济差距没有根本性缩小,这些区域间的义务教育投入差距也很难缩小。

四、生均运动场地面积

表 3-14 和图 3-14 是不同区域初中教育生均运动场地面积情况。在六大区域均值的排序方面,与小学教育生均运动场地面积一样,东北三省排名第一(16.55 平方米),遥遥领先于其他五个区域;与小学教育生均运动场地面积的不同之处在于,经济发达的长三角(11.21 平方米)、京津冀(10.03 平方米)以及粤港澳(9.63 平方米)的初中教育生均运动场地面积分别排名第二到第四,而经济相对落后的海南自贸港(9.52 平方米)、西部地区(8.99 平方米)则排名最后,这一排序与小学及初中教育的每百名学生计算机数与生均图书册数的排序更为接近。在变化趋势方面,小学与初中教育生均运动场地面积也存在差异,主要体现在东北三省的初中教育生均运动场地面积的下降速度低于小学,以及不同区域间初中教育生均运动场地面积差距缩小的程度也比小学低。

表 3-14 2013—2019 年不同区域初中教育生均运动场地面积(平方米)

	2013 年	2014 年	2015 年	2016 年	2017 年	2018 年	2019 年	均值	排序
东北三省	17.67	17.20	17.09	16.69	16.25	15.71	15.26	16.55	1
长三角	10.70	11.02	11.20	11.30	11.40	11.40	11.47	11.21	2
京津冀	10.85	10.19	10.33	10.30	10.01	9.41	9.16	10.03	3
粤港澳	7.72	8.94	9.72	10.12	10.29	10.29	10.32	9.63	4
海南自贸港	9.57	9.70	9.80	9.92	9.43	9.36	8.90	9.52	5

(续表)

	2013年	2014年	2015年	2016年	2017年	2018年	2019年	均值	排序
西部地区	7.33	7.89	8.70	9.33	9.79	9.99	9.90	8.99	6
全国	9.11	9.41	9.78	10.03	10.19	10.14	10.06	9.82	

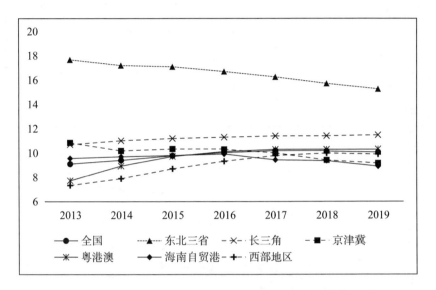

图3-14 2013—2019年初中教育生均运动场地面积变化趋势（平方米）

五、生均校舍建筑面积

不同区域初中教育生均校舍建筑面积如表3-15和图3-15所示。与学前以及小学教育生均校舍建筑面积类似，京津冀虽然经济发达，但初中教育生均校舍建筑面积排名相对靠后，而长三角和粤港澳排名更加靠前。与此同时，初中教育生均校舍建筑面积与小学也存在一定差异。首先，长三角和粤港澳的初中教育生均校舍建筑面积远大于其他四个区域；其次，就变化趋势而言，长三角和粤港澳的增幅更加明显，而早期初中教育生均校舍建筑面积较低的海南自贸港和京津冀的增速相对缓慢，由此造成了不同区域间的差距日益扩大。

表 3-15　2013—2019 年不同区域初中教育生均校舍建筑面积(平方米)

	2013年	2014年	2015年	2016年	2017年	2018年	2019年	均值	排序
长三角	14.45	15.24	16.24	16.62	16.81	17.07	17.36	16.25	1
粤港澳	11.05	12.77	14.09	15.11	15.47	15.61	15.96	14.29	2
东北三省	11.40	11.97	12.68	13.22	13.74	13.49	13.74	12.89	3
西部地区	9.86	10.65	11.59	12.44	12.98	13.26	13.49	12.04	4
海南自贸港	10.60	11.24	12.09	12.69	12.80	12.26	12.14	11.97	5
京津冀	10.59	10.44	10.80	11.15	11.16	10.82	10.83	10.83	6
全国	11.28	11.99	12.77	13.36	13.73	13.83	14.08	13.01	

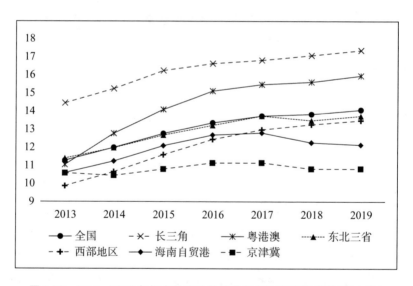

图 3-15　2013—2019 年初中教育生均校舍建筑面积变化趋势(平方米)

总体而言,不同区域初中教育发展现状及其变化趋势与同属于义务教育阶段的小学有很多相似之处,但也具有一定的独特性。(1)在人力资源投入方面,不同区域一定学历以上教师比例的排序,小学与初中基本一致;此外,小学与初中一定学历以上教师比例的区域差距均呈现出逐年缩小的迹象。(2)在物力资源投入方面,六大区域在小学与初中教育生均图书册数、小学与初中每百名学生计算机数这四个指标上的排序大致相同,长三角、京津冀、粤港澳与东北三省排名前四位,其次是西部地区,海南自贸港排名末尾,并且这些区域在这四个指标方面的差距都没有随着时间的推移而逐渐减小。(3)在办学条件方面,经济发达的长三角、京津冀以及粤港澳的初中教育生均运动场地面积仅次于东北三省,相较于小学,初中教育生均运动场地面积更容易受到当地经济发展水平的影响;与小学相比,长三角和粤港澳的初中教育生均校舍建筑面积远高于其他区域,且增长速度更快,与其他区域的差距也在逐年增加。

第四节 六大区域普通高中教育发展现状

本节主要从教育规模、资源投入与办学条件三个维度对不同区域普通高中发展现状与近年来的变化情况进行对比分析。教育规模指标通过学校数量与在校生数进行衡量;资源投入指标包括专任教师数、生师比和本科及以上学历教师比例三个人力资源投入指标,以及生均图书册数、每百名学生计算机数两个物力资源投入指标;办学条件指标则包括生均运动场地面积和生均校舍建筑面积两个指标。

一、普通高中学校数量

从图3-16-1与表3-16可以看出,2019年全国普通高中学校数量为13964所,其中西部地区普通高中学校数量占全国总数的比例居六大区域之首,为24.67%;海南自贸港的占比最低,仅为0.89%;排名第二的是长三角,约为15%;京津冀、东北三省与粤港澳分别排名第三到第五位,其占比在7%—8.5%之间。图3-16-2进一步展示了2013—2019年不同区域普通高中数量的变化趋势。总体来看,不同区域间的差距仍然存在。具体来说,粤港澳的普通高中学校数量有所下降,东北三省几乎没有变化,其他四个区域均则呈现出相对稳定的逐年上升趋势,其中,京津冀在2016—2017年的上升趋势尤其明显。

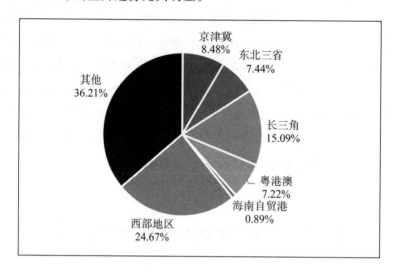

图 3-16-1　2019 年不同区域普通高中数量占比

表 3-16　2013—2019 年不同区域普通高中数量(所)

	2013 年	2014 年	2015 年	2016 年	2017 年	2018 年	2019 年	均值	排序
西部地区	3385	3337	3306	3333	3445	3408	3445	3380	1
长三角	2088	2068	2051	2073	2106	2090	2107	2083	2
京津冀	1047	1054	1064	1085	1184	1153	1184	1110	3
东北三省	1038	1033	1028	1025	1039	1028	1039	1033	4
粤港澳	1015	1012	1019	1031	1008	1013	1008	1015	5
海南自贸港	102	104	106	109	124	119	124	113	6
全国	13352	13253	13240	13383	13964	13737	13964	13556	

图 3-16-2 2013—2019 年不同区域普通高中数量变化趋势(所)①

二、普通高中在校生数

图 3-17-1 与表 3-17 显示,2019 年全国普通高中在校生数为 2414.31 万人,从不同区域占全国普通高中在校生数的比例来看,西部地区以 24.85% 的比例占据首位;长三角屈居第二,占全国的 12.77%;海南自贸港排名末尾,仅为 0.71%,与不同区域普通高中数量占比基本类似。就变化情况而言,全国总体的普通高中在校生数在 2013—2019 年略有下降,七年间减少了 21.57 万人;除京津冀之外的其他四个区域都有不同程度的减少,仅粤港澳一个区域就减少了 36.71 万人;而京津冀的普通高中在校生数从 2013 年的 145.55 万上升至 2019 年的 172.34 万。此外,六大区域在普通高中在校生数上的差距一直维持在较高水平。

---

① 由于海南自贸港与其他五个地区的的普通高中数量存在两个数量级的差异,且自贸港普通高中学校数量变化趋势不明显,为清楚展现其他五个地区普通高中学校数量变化的趋势,图 3-16-2 中未展示海南自留港普通高中数量。

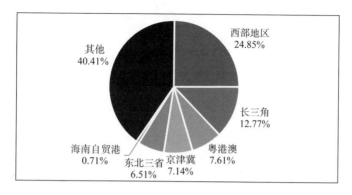

图 3-17-1　2019 年不同区域普通高中在校生数占比

表 3-17　2013—2019 年不同区域普通高中在校生数(万人)

	2013 年	2014 年	2015 年	2016 年	2017 年	2018 年	2019 年	均值	排序
西部地区	611.28	614.99	612.19	610.71	599.97	602.75	599.97	607.41	1
长三角	336.16	318.37	304.51	298.19	308.2	298.29	308.2	310.27	2
粤港澳	220.45	214.02	205.4	197.37	183.74	183.71	183.74	198.35	3
京津冀	145.55	145.12	149.29	154.04	172.34	165.02	172.34	157.67	4
东北三省	172.40	163.52	52.59	53.79	157.16	156.55	157.16	130.45	5
海南自贸港	17.90	17.65	17.23	16.99	17.25	17.01	17.25	17.33	6
全国	2435.88	2400.47	2374.4	2366.65	2414.31	2375.37	2414.31	2397.34	

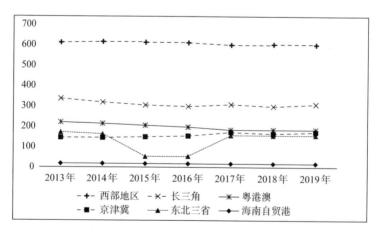

图 3-17-2　2013—2019 年不同区域普通高中在校生数变化趋势(万人)

三、专任教师数

图 3-18-1 是 2019 年不同区域普通高中专任教师数占比。2019 年全国普通高中专任教师数为 638.95 万人,其中西部地区占全国的 23.33%,排名第一;其次是长三角,占全国的 14.59%;而海南自贸港仅为 0.77%,排名最后。在变化趋势方面,不同区域普通高中专任教师数的变化趋势与普通高中数量的变化趋势也基本类似,各个区域都呈现出相对稳定的上升势头,并且在 2016—2017 年的增速最快,但各区域间的差距并没有随着时间的推移而有所缩小。

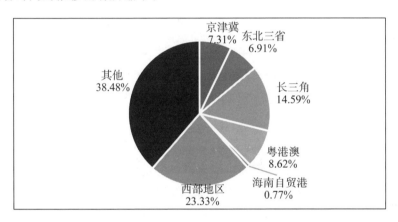

图 3-18-1　2019 年不同区域普通高中专任教师数占比

表 3-18　2013—2019 年不同区域普通高中专任教师数(万人)

	2013年	2014年	2015年	2016年	2017年	2018年	2019年	均值	排序
西部地区	135.85	137.69	139.29	141.29	149.06	145.65	149.06	142.55	1
长三角	80.99	82.01	82.79	84.61	93.21	89.54	93.21	86.62	2
粤港澳	47.89	49.37	50.11	50.89	55.07	53.64	55.07	51.72	3
京津冀	43.42	43.46	43.29	43.31	44.13	43.84	44.13	43.65	4
东北三省	36.44	37.57	38.57	39.90	46.71	44.22	46.71	41.45	5
海南自贸港	4.28	4.39	4.51	4.55	4.92	4.76	4.92	4.62	6
全国	559.80	567.98	574.33	583.39	638.95	617.10	638.95	597.21	

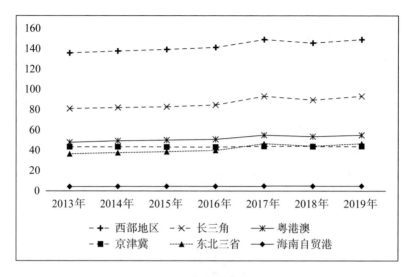

图 3-18-2　2013—2019 年不同区域普通高中专任教师数变化趋势(万人)

四、普通高中生师比

表 3-19 和图 3-19 描述了 2013—2019 年不同区域普通高中生师比情况。7 年间全国普通高中生师比的均值为 13.96,其中西部地区和海南自贸港都在 14 以上,高于全国均值,其他四个区域普通高中生师比则要低于全国均值。这与义务教育阶段的生均图书册数、每百名学生计算机数的排序恰好相反。由此可见,不同区域普通高中生师比同义务教育阶段的物力资源投入一样,在很大程度上取决于当地的经济发展水平。从变化趋势来看,六大区域都表现出先缓慢下降后急剧上升的变化趋势,这一转折点出现在 2018 年。以全国平均水平为例,全国普通高中生师比由 2013 年的 14.63 降低至 2018 的 12.80,再上升至 2019 年的 15.93。此外,与 2013 年相比,2019 年各个区域的普通高中生师比都有所上升,并且不同区域间的差距较大。

表 3-19　2013—2019 年不同区域普通高中生师比

	2013 年	2014 年	2015 年	2016 年	2017 年	2018 年	2019 年	均值	排序
西部地区	15.54	15.11	14.66	14.25	13.90	13.44	16.64	14.79	1
海南自贸港	15.65	14.46	13.67	13.28	12.84	12.66	17.10	14.24	2
粤港澳	15.23	14.43	13.62	13.02	12.50	12.25	16.23	13.90	3
东北三省	14.87	13.77	13.30	13.05	13.06	12.62	16.20	13.84	4
长三角	12.66	12.05	11.76	11.59	11.37	11.21	14.89	12.22	5
京津冀	11.17	10.75	10.59	10.45	10.41	10.15	12.93	10.92	6
全国	14.63	14.10	13.71	13.40	13.14	12.80	15.93	13.96	

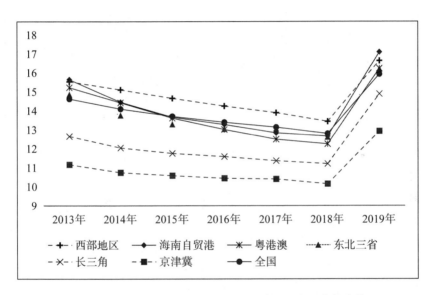

图 3-19　2013—2019 年不同区域普通高中生师比变化趋势

五、本科及以上学历教师比例

从不同区域普通高中本科及以上学历教师比例的均值来看,与义务教育阶段类似,长三角(99.01%)、东北三省(98.66%)、粤港澳(98.46%)和京津冀(98.27%)都在98%以上,位居前四,这四个区域均高于全国平均值(97.84%);而西部地区(97.28%)与海南自贸港(96.85%)低于全国平均值。图3-20的变化趋势显示,除少数年份之外,六大区域的普通高中本科及以上学历教师比例整体呈现逐年上升的趋势,并且不同区域间的差距日益缩小,这也与学前以及义务教育阶段一定学历以上教师比例的变化规律基本一致,表明我国基础教育阶段的师资队伍建设取得了较好成效。与义务教育阶段不同之处在于,普通高中本科及以上学历教师比例的波动趋势更为明显。以粤港澳为例,其在六大区域中的排序由2013年

表3-20 2013—2019年不同区域普通 高中本科及以上学历教师比例

	2013年	2014年	2015年	2016年	2017年	2018年	2019年	均值	排序
长三角	98.55%	98.53%	98.94%	99.07%	99.21%	99.35%	99.40%	99.01%	1
东北三省	98.06%	98.34%	98.65%	98.75%	98.75%	98.98%	99.08%	98.66%	2
粤港澳	96.19%	97.82%	98.76%	98.86%	99.02%	99.23%	99.35%	98.46%	3
京津冀	97.44%	97.88%	98.06%	98.49%	98.28%	98.79%	98.95%	98.27%	4
西部地区	95.98%	96.51%	97.03%	97.38%	97.73%	98.02%	98.34%	97.28%	5
海南自贸港	95.61%	96.41%	96.71%	96.53%	97.31%	97.55%	97.86%	96.85%	6
全国	96.80%	97.25%	97.70%	97.91%	98.15%	98.41%	98.62%	97.84%	

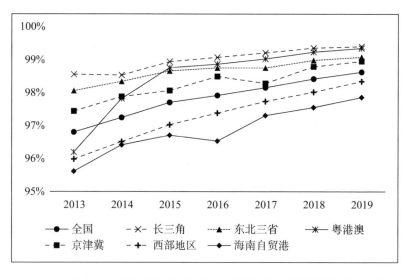

图3-20 2013—2019年不同区域普通高中本科及以上学历教师比例变化趋势

的第四升至2019年的第二。此外,京津冀与海南自贸港在部分年份也出现了较大波动,这可能反映了普通高中阶段的教育投入保障力度不及义务教育阶段。

六、生均图书册数

从表3-21不难发现,不同于义务教育阶段中长三角、东北三省、京津冀的生均图书册数均值占据了前三位,在普通高中教育阶段,粤港澳的生均图书册数均值位居六大区域首位,其次是长三角、京津冀与海南自贸港,这四大区域的生均图书册数均值均在44册以上,远高于全国平均水平(36.85册);而东北三省的均值仅为22.68册,比全国平均水平少14.17册。就变化趋势而言,与义务教育阶段类似,六大区域的普通高中生均图书册数均有所上升;不同之处在于,2013—2019年间,普通高中生均图书册数排名最后的东北三省上升幅度最小,而排名最前的粤港澳上升幅度相对较大,从而导致六大区域在普通高中生均图书册数方面的差距愈加明显,其极差由2013年的26.56册增至2019年的36.25册,这种差距的增幅远高于义务教育阶段。

表3-21 2013—2019年不同区域普通高中生均图书册数(册)

	2013年	2014年	2015年	2016年	2017年	2018年	2019年	均值	排序
粤港澳	44.75	50.17	55.15	58.41	61.54	62.98	61.54	56.36	1
长三角	39.32	42.93	45.64	47.26	50.31	49.49	50.31	46.46	2
京津冀	40.43	43.63	45.80	46.34	49.39	50.17	49.39	46.45	3
海南自贸港	30.32	33.89	44.13	46.61	53.41	49.85	53.41	44.52	4
西部地区	26.42	28.98	32.01	35.10	40.77	39.68	40.77	34.82	5
东北三省	18.19	19.97	21.78	23.26	25.29	24.96	25.29	22.68	6
全国	30.33	32.80	35.21	37.13	41.04	40.43	41.04	36.85	

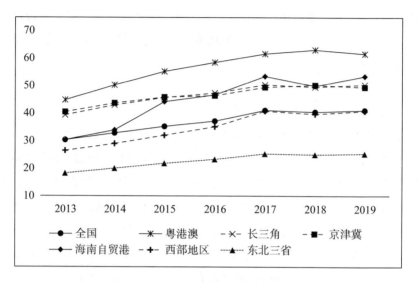

图 3-21　2013—2019 年不同区域普通高中生均图书册数变化趋势(册)

七、每百名学生计算机数

每百名学生计算机数作为普通高中物力资源投入的另一个衡量指标,其均值排序与普通高中生均图书册数均值排序基本类似。具体来说,粤港澳(32.27 台)、京津冀(30.74 台)、长三角(29.52 台)以及海南自贸港(24.78 台)排名前四,均比全国均值(20.80 台)高,而西部地区(17.80 台)和东北三省(16.87 台)则分别位居最后两名,都在 18 台以下。在变化趋势方面,普通高中每百名学生计算机数与生均图书册数也存在相似之处:(1)六大区域的普通高中每百名学生计算机数均呈现相对稳定的增长势头,其中粤港澳和海南自贸港的增长幅度最大;(2)不同区域之间的普通高中每百名学生计算机数的差距有逐年扩大的趋势。

表 3-22　2013—2019 年不同区域普通高中每百名学生计算机数(台)

	2013 年	2014 年	2015 年	2016 年	2017 年	2018 年	2019 年	均值	排序
粤港澳	26.07	23.51	27.69	31.00	39.79	38.05	39.79	32.27	1
京津冀	26.75	28.82	29.76	30.35	33.56	32.38	33.56	30.74	2

(续表)

	2013年	2014年	2015年	2016年	2017年	2018年	2019年	均值	排序
长三角	23.65	25.85	27.86	29.86	33.39	32.62	33.39	29.52	3
海南自贸港	16.86	18.26	22.07	25.53	31.06	28.64	31.06	24.78	4
西部地区	13.46	14.65	16.07	17.71	21.19	20.33	21.19	17.80	5
东北三省	13.96	15.21	16.25	16.99	18.75	18.15	18.75	16.87	6
全国	16.93	17.79	19.16	20.57	24.00	23.15	24.00	20.80	

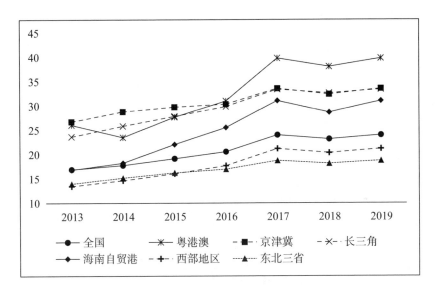

图 3-22　2013—2019 年不同区域普通高中每百名学生计算机数变化趋势(台)

八、生均运动场地面积

从表 3-23 可以看出,普通高中生均运动场地面积最大的是海南自贸港,均值为 12.04 平方米;其次是长三角(11.61 平方米)、京津冀(11.22 平方米)与粤港澳(11.08 平方米),这四大区域均高于全国平均值 9.79 平方米;而西部地区(9.65 平方米)和东北三省(9.55 平方米)都低于全国均值,这一排序与普通高中物力资源投入的两个指标的排序较为接近。从变化趋势来看,普通高中生均运动场地面积与普通高中物力资源投入也具有类似特征。第一,六大区域的普通高中生均运动场地面积均有所增加,其中粤港澳和海南自贸港的增长幅度最大;第二,六个区域之间的不均衡程度有扩大趋势。

表 3-23 2013—2019 年不同区域普通高中生均运动场地面积(平方米)

	2013年	2014年	2015年	2016年	2017年	2018年	2019年	均值	排序
海南自贸港	10.49	10.80	10.92	12.20	12.73	13.17	13.94	12.04	1
长三角	10.21	11.01	11.51	11.93	11.67	12.50	12.43	11.61	2
京津冀	10.94	11.12	11.24	11.29	10.64	11.67	11.63	11.22	3
粤港澳	8.59	10.01	10.74	11.13	12.24	12.33	12.50	11.08	4
西部地区	7.97	8.34	9.11	9.83	10.36	10.85	11.08	9.65	5
东北三省	8.85	9.32	9.33	9.64	9.76	9.92	10.05	9.55	6
全国	8.60	9.05	9.49	9.90	10.07	10.65	10.79	9.79	

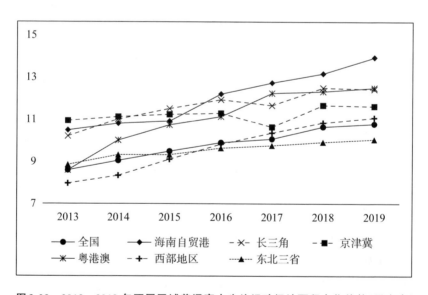

图3-23 2013—2019 年不同区域普通高中生均运动场地面积变化趋势(平方米)

九、生均校舍建筑面积

不同区域普通高中生均校舍建筑面积及其变化趋势如表 3-24 和图 3-24 所示。从不同区域的均值比较来看,长三角(27.61 平方米)、海南自贸港(27.35 平方米)、粤港澳(25.20 平方米)和京津冀(24.21 平方米)分别排名前四,均在 24 平方米以上,高于全国均值(21.04 平方米);西部地区(18.96 平方米)与东北三省(15.64 平方米)则比全国均值低。就变化趋势而言,在 2013—2019 年间,各个区域的普通高中生均校舍建筑面积总体上均在稳定增长,其中海南自贸港和粤港澳的增幅最大,分别增加了 11.46 平方米和 9.19 平方米,而一直排名最后的东北三省增幅最小,仅增加 3.55 平方米,从而导致不同区域间的差距越来越明显。结合前文对普通高中两个物力资源投入指标以及生均运动场地面积指标的分析可以得出,六大区域在普通高中物力资源投入、办学条件两个维度共计四个指标上的排序以及变化趋势都具有较为一致的特征。

表 3-24 2013—2019 年不同区域普通高中生均校舍建筑面积(平方米)

	2013 年	2014 年	2015 年	2016 年	2017 年	2018 年	2019 年	均值	排序
长三角	22.95	24.90	26.62	28.08	30.26	30.18	30.26	27.61	1
海南自贸港	21.01	22.33	24.89	28.11	32.47	30.18	32.47	27.35	2
粤港澳	19.88	21.85	23.29	25.05	29.07	28.18	29.07	25.20	3
京津冀	22.12	23.01	23.34	23.75	25.88	25.51	25.88	24.21	4
西部地区	15.68	16.39	17.55	18.63	21.79	20.90	21.79	18.96	5
东北三省	13.43	14.58	15.20	15.65	16.98	16.67	16.98	15.64	6
全国	17.88	18.89	19.85	20.76	23.52	22.82	23.52	21.04	

概括来说,不同区域普通高中的教育规模、资源投入以及办学条件情况具有以下特点:(1)从教育规模来看,普通高中数量、普通高中在校生数最多的区域均为西部地区,其次是长三角,海南自贸港排名最后。(2)从人力资源投入来看,与普通高中教育规模排序类似,六大区域中西部地区

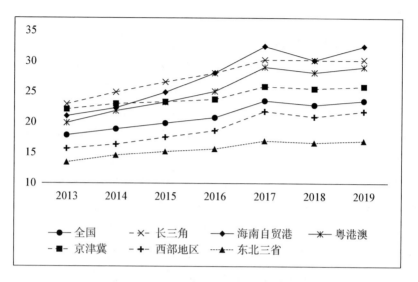

图 3-24 2013—2019年不同区域普通高中生均校舍建筑面积变化趋势(平方米)

的专任教师数最多,其次是长三角,海南自贸港最少;普通高中生师比排名前两位的是西部地区与海南自贸港;与生师比排序恰好相反,普通高中本科及以上学历教师比例最低的是西部地区与海南自贸港。总体上看,经济越欠发达地区,师资投入越不充分。(3)从物力资源投入与办学条件来看,六大区域间在普通高中生均图书册数、每百名学生计算机数、生均运动场地面积以及生均校舍建筑面积上的排序较为一致,长三角、海南自贸港、粤港澳和京津冀分别排名前四,高于全国均值,其次是低于全国均值的西部地区与东北三省。(4)从变化趋势来看,2013—2019年间,不同区域间在普通高中数量、普通高中在校生数、普通高中专任教师数、普通高中生师比这四个指标上的差距均没有随着时间的推移而有所减小,甚至在四个物力资源投入与办学条件指标上的差距均呈现出逐年扩大的迹象;与之形成对比的是,各个区域在普通高中本科及以上学历教师比例这一指标上的差距在近年来有所缩小。

第五节 六大区域中等职业教育发展现状

为了便于比较各个区域中等职业教育与普通高中教育的异同点,本节同样采用学校数量与在校生数作为中等职业教育规模的衡量指标,用专任教师数、生师比和本科及以上学历教师比例衡量各区域的中等职业教育资源人力资源投入情况,用生均图书册数、每百名学生计算机数衡量物力资源投入情况;此外,由于中等职业学校的生均校舍建筑面积的计算方式与其他基础教育阶段的计算方式不同,因此,与普通高中教育略有不同,本章的中等职业教育仅采用生均运动场地面积作为办学条件指标,而未采用生均校舍建筑面积这一指标。

一、中等职业学校数量

结合前文对普通高中学校数量的分析不难发现,不同区域中等职业学校数量占全国总数的比例与普通高中学校数量占全国总数的比例基本一致,西部地区占比最高,其次是长三角,海南自贸港占比最低。不过从规模来看,各区域普通高中学校数量远高于中等职业学校数量,比如,2019年全国共有中等职业学校7686所,同一时期的普通高中数量为13964所。就变化趋势而言,不同于普通高中学校数量总体呈现上升趋势,六大区域的中等职业学校数量均呈现递减趋势,其中排名前两位的西部地区与长三角的降幅最为明显,由此导致不同区域在中等职业学校数量方面的差距有所缩小。

表3-25 2013—2019年不同区域中等职业学校数量(所)

	2013年	2014年	2015年	2016年	2017年	2018年	2019年	均值	排序
西部地区	2660	2576	2484	2399	2345	2280	2247	2427	1
长三角	1180	1099	1044	967	932	900	869	999	2
东北三省	986	956	821	801	799	769	743	839	3
京津冀	816	805	800	777	771	761	754	783	4

(续表)

	2013年	2014年	2015年	2016年	2017年	2018年	2019年	均值	排序
粤港澳	502	495	481	468	459	444	426	468	5
海南自贸港	87	88	80	79	79	74	73	80	6
全国	9380	9060	8657	8367	8181	7850	7686	8454	

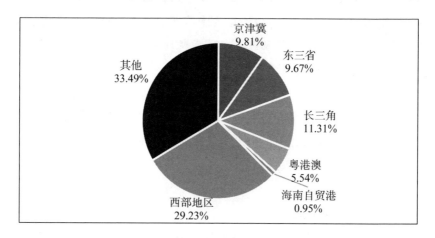

图 3-25-1　2019年不同区域中等职业学校数量占比

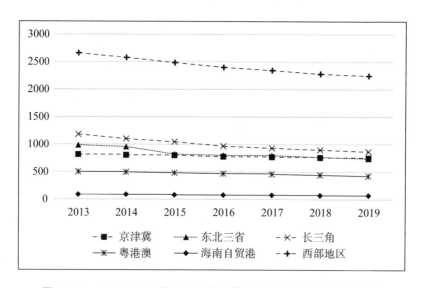

图 3-25-2　2013—2019年不同区域中等职业学校数量变化趋势(所)

二、中等职业教育在校生数

2019年不同区域中等职业教育在校生数占比的排序与普通高中在校生数有相似之处,前四名都是西部地区、长三角、粤港澳与京津冀,海南自贸港与东北三省排后两名。不同区域在这两个指标上的差异在于,西部地区、长三角的普通高中在校生数占比分别约为25%、13%,但这两个区域的中等职业教育在校生数占比分别达到了31.2%与16.56%;除六大区域之外的"其他"区域的中等职业教育在校生数占比为32.23%,而其普通高中在校生数占比高达40.41%。从这一比较结果可以看出,西部地区与长三角的普职比低于六大区域之外的"其他"区域。此外,普通高中在校生数远远高于中等职业教育,以2019年的数据为例,前者总数为2414.31万人,后者仅为1216.17万人。从变化趋势来看,与中等职业学校数量类似,六大区域的中等职业教育在校生数规模总体上都在逐年递减,并且排名前两位的西部地区与长三角的下降幅度最大,不同区域在中等职业教育在校生数这一指标上的差距也有所缩小。

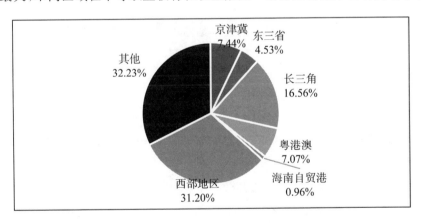

图 3-26-1　2019年不同区域中等职业教育在校生数占比

表 3-26　2013—2019 年不同区域中等职业教育在校生数(万人)

	2013年	2014年	2015年	2016年	2017年	2018年	2019年	均值	排序
西部地区	475.81	450.32	430.08	405.91	391.56	380.53	379.48	416.24	1
长三角	249.33	230.31	216.13	206.70	205.02	200.75	201.43	215.67	2
粤港澳	140.89	128.22	117.21	106.57	99.39	86.73	85.97	109.28	3
京津冀	101.46	87.52	80.69	84.49	87.91	87.72	90.49	88.61	4
东北三省	81.66	72.65	68.90	66.45	65.00	58.74	55.06	66.92	5
海南自贸港	14.02	12.95	11.71	11.51	11.88	11.92	11.73	12.25	6
全国	1536.38	1416.31	1335.24	1275.86	1254.29	1213.63	1216.17	1321.13	

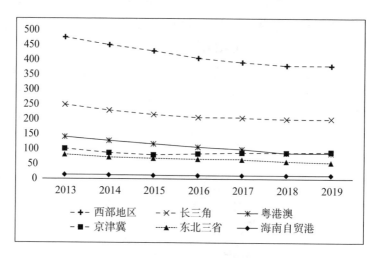

图 3-26-2　2013—2019 年不同区域中等职业教育在校生数变化趋势(万人)

三、中等职业教育专任教师数

图 3-27-1 是 2019 年不同区域中等职业教育专任教师数占比,西部地区、长三角以及京津冀分别排名前三位,海南自贸港占比最低,这种排序与不同区域普通高中专任教师数占比基本相同,但中等职业教育专任教师数的总体规模远小于普通高中专任教师数,前者仅占后者的 1/7 左右。在专任教师数的变化趋势方面(图 3-27-2),与六大区域普通高中专任教

师数均有一定程度的增加不同,除京津冀之外,其他五个区域的中等职业教育专任教师数都有所缩减;两者的共同点在于,无论是普通高中教育还是中等职业教育,六大区域在专任教师数这一指标上的差距都仍然存在,并没有明显减少。

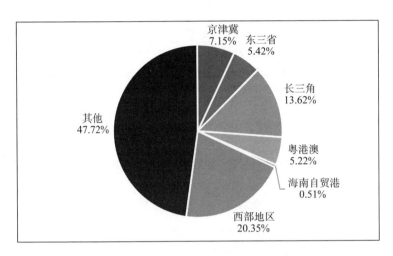

图 3-27-1 2019 年不同区域中等职业教育专任教师数占比

表 3-27 2013—2019 年不同区域中等职业教育专任教师数(万人)

	2013 年	2014 年	2015 年	2016 年	2017 年	2018 年	2019 年	均值	排序
西部地区	17.61	17.78	17.56	16.71	16.47	16.34	17.16	17.09	1
长三角	11.93	11.70	11.44	11.20	11.22	11.23	11.48	11.46	2
粤港澳	4.54	4.52	4.50	4.48	4.52	4.41	4.40	4.48	3
京津冀	5.83	5.82	5.75	5.80	5.86	5.86	6.03	5.85	4
东北三省	5.60	5.51	5.09	4.92	4.81	4.68	4.57	5.02	5
海南自贸港	0.47	0.48	0.46	0.44	0.44	0.45	0.43	0.45	6
全国	86.79	85.84	84.41	83.96	83.92	83.35	84.29	84.65	

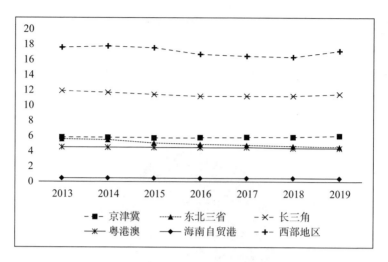

图 3-27-2　2013—2019 年不同区域中等职业教育专任教师数变化趋势（万人）

四、中等职业教育生师比

表 3-28 和图 3-28 呈现的是 2013—2019 年不同区域中等职业教育生师比。从 2013—2019 年均值的排序来看，海南自贸港（26.66）、粤港澳（24.46）以及西部地区（23.42）的生师比排名前三，高于全国均值；另三个区域比全国均值低，整体排序与普通高中生师比基本相同。但各个区域的中等职业教育生师比均高于普通高中生师比。在变化趋势方面，相较于各个区域的普通高中生师比呈现出比较一致的变化特征，不同区域的中等职业教育生师比变化各不相同。具体来说，粤港澳逐年快速下降，总体下降幅度最大；海南自贸港与西部地区先下降，后有所上升，其他三个区域则呈现出略有波动的下降趋势。此外，与普通高中生师比刚好相反，各个区域 2019 年的中等职业教育生师比低于 2013 年。而在不同区域的生师区差距变化方面，中等职业教育与普通高中表现一致，都未见缩小。

表 3-28　2013—2019 年不同区域中等职业教育生师比

	2013年	2014年	2015年	2016年	2017年	2018年	2019年	均值	排序
海南自贸港	29.78	26.87	25.60	25.87	24.76	26.39	27.37	26.66	1
粤港澳	31.00	28.36	26.06	23.80	22.82	19.66	19.52	24.46	2
西部地区	27.19	25.11	24.17	23.01	20.37	22.03	22.03	23.42	3
长三角	20.61	19.23	18.44	18.03	17.51	17.56	17.20	18.37	4
京津冀	18.01	15.42	14.22	14.39	14.49	13.74	12.73	14.71	5
东北三省	14.49	13.02	13.46	13.25	12.31	12.26	11.87	12.95	6
全国	22.97	21.34	20.47	19.84	18.98	19.10	18.94	20.23	

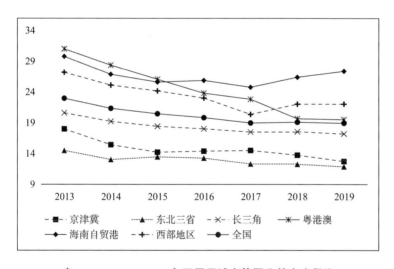

表 3-28　2013—2019 年不同区域中等职业教育生师比

五、本科及以上学历教师比例

与普通高中本科及以上学历教师比例的排序完全一致,中等职业教育本科及以上学历教师比例均值的排序依次为:长三角(95.75％)、东北三省(92.09％)、粤港澳(92.01％)和京津冀(91.16％),这四个区域高于全国均值(90.64％);其次是低于全国均值的西部地区(87.74％)与海南自贸港(87.44％)。普通高中和中等职业教育的不同之处在于,前者各个区域本科及以上学历教师比例的均值均高于后者。就变化趋势而言,中等职业教育本科及以上学历教师比例与普通高中也存在一些差异:(1)在2013—2019年间,除海南自贸港之外,其他五个区域的中等职业教育本科及以上学历教师比例增加的幅度远高于普通高中;(2)与不同区域普通高中本科及以上学历教师比例的差距逐年缩小不同,各个区域的中等职业

表 3-29 2013—2019年不同区域中等职业教育本科及以上学历教师比例

	2013年	2014年	2015年	2016年	2017年	2018年	2019年	均值	排序
长三角	93.49%	94.83%	95.43%	95.84%	96.54%	96.92%	97.17%	95.75%	1
东北三省	89.11%	90.27%	91.65%	92.30%	93.14%	93.81%	94.37%	92.09%	2
粤港澳	89.06%	91.05%	91.69%	92.39%	92.96%	92.82%	94.09%	92.01%	3
京津冀	88.94%	90.05%	90.78%	91.37%	92.11%	92.33%	92.52%	91.16%	4
西部地区	83.79%	85.79%	86.68%	88.10%	89.12%	90.11%	90.62%	87.74%	5
海南自贸港	86.66%	86.30%	87.13%	88.76%	88.51%	87.14%	87.59%	87.44%	6
全国	87.94%	89.29%	90.13%	90.83%	91.59%	92.10%	92.61%	90.64%	

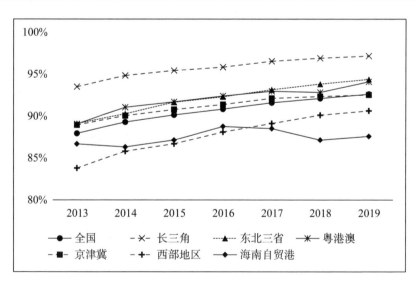

图 3-29 2013—2019年不同区域中等职业教育本科及以上学历教师比例变化趋势

教育本科及以上学历教师比例的差距并没有随着时间的推移而有所缩小。可见,不同区域间的中等职业教育教师学历的差距问题在近年来仍未得到改善。

六、生均图书册数

从表 3-30 可以发现,长三角(33.59 册)、京津冀(31.57 册)、东北三省(26.79 册)的中等职业教育生均图书册数的均值分别排名前三,都在 26 册以上,高于全国均值(25.02 册);其次是粤港澳(25.00 册)、西部地区(19.90 册)和海南自贸港(15.97 册),这三个区域均低于全国均值。除东北三省之外,其他五个区域的中等职业教育生均图书册数均值均小于普通高中。从变化趋势来看,与学前教育、义务教育以及普通高中教育的生均图书册数的整体变化趋势类似,2013—2019 年间,各个区域的中等职业教育生均图书册数均有所增加,不过中等职业教育生均图书册数在区域间的差距并没有减小。

表 3-30　2013—2019 年不同区域中等职业教育生均图书册数(册)

	2013 年	2014 年	2015 年	2016 年	2017 年	2018 年	2019 年	均值	排序
长三角	31.01	32.41	33.48	34.62	34.24	34.56	34.84	33.59	1
京津冀	27.58	32.15	34.20	33.01	32.02	31.50	30.56	31.57	2
东北三省	24.52	27.43	27.12	26.73	26.25	27.29	28.20	26.79	3
粤港澳	20.03	21.61	24.18	25.47	26.49	28.59	28.62	25.00	4
西部地区	17.92	18.99	19.33	20.09	20.57	20.99	21.42	19.90	5
海南自贸港	14.03	13.14	16.62	17.04	16.87	16.94	17.17	15.97	6
全国	22.80	24.07	25.13	25.59	25.50	26.04	26.00	25.02	

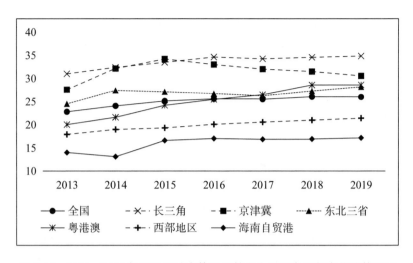

图3-30 2013—2019年不同区域中等职业教育生均图书册数变化趋势(册)

七、每百名学生计算机数

与普通高中每百名学生计算机数的排序类似,中等职业教育每百名学生计算机数均值排名前三的区域同样为经济相对发达的长三角(31.24台)、粤港澳(30.15台)以及京津冀(29.91台);随后依次为东北三省(29.74台)、西部地区(19.65台)和海南自贸港(19.57台)。两者在每百名学生计算机数均值排序上的差异主要体现在:长三角和东北三省在中等职业教育中分别排名第一与第四;而在普通高中教育中,长三角和东北三省分别排名第三与第六。此外,从全国均值来看,中等职业教育每百名学生计算机数略高于普通高中教育,这可能与中等职业学校设置了计算机相关专业有关。图3-31的变化趋势显示,各个区域的中等职业教育每百名学生计算机数总体呈现增长趋势,其中又以2013年排名居中的粤港澳和东北三省增长幅度最大,而2013年排名后两位的西部地区和海南自贸港的增长趋势最为缓慢,从而使得六大区域间的差距不断扩大,这与普通高中每百名学生计算机数的变化情况类似。

表 3-31　2013—2019 年不同区域中等职业教育每百名学生计算机数(台)

	2013 年	2014 年	2015 年	2016 年	2017 年	2018 年	2019 年	均值	排序
长三角	24.79	27.94	30.12	32.18	33.38	34.83	35.44	31.24	1
粤港澳	20.11	23.27	26.45	29.70	33.41	38.09	39.99	30.15	2
京津冀	23.64	28.31	31.24	30.99	31.04	32.12	32.03	29.91	3
东北三省	23.31	26.67	27.46	29.14	30.69	33.69	37.21	29.74	4
西部地区	15.61	17.45	18.24	19.88	20.62	23.86	21.90	19.65	5
海南自贸港	15.10	17.10	19.57	20.63	21.63	21.26	21.67	19.57	6
全国	19.47	21.88	23.47	24.96	26.04	28.18	28.00	24.57	

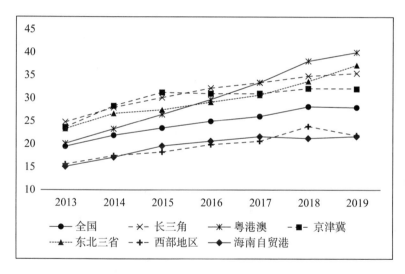

图 3-31　2013—2019 年不同区域中等职业教育每百名学生计算机数变化趋势(台)

八、生均运动场地面积

中等职业教育与普通高中教育在各个区域生均运动场地面积的均值排序与变化趋势两个方面,既有差异又有共性。具体来看,两者在均值排序方面的不同之处在于,在中等职业教育中,东北三省的生均运动场地面积均值排名第一,海南自贸港排名末尾,而在普通高中教育中则恰好相反。其他四个区域的均值排序方面,中等职业教育与普通高中教育基本相似,第二和第三名分别为京津冀和长三角,第四和第五名则为西部地区和粤港澳。就各个区域单独的变化趋势而言,2013—2019年间,海南自贸港中等职业教育生均运动场地面积有所下降,其他五个区域小幅上升。从不同区域间差距的变化趋势来看,无论是中等职业教育还是普通高中教育的生均运动场地面积,六大区域间的差距均有所扩大。

表3-32 2013—2019年不同区域中等职业教育生均运动场地面积(平方米)

	2013年	2014年	2015年	2016年	2017年	2018年	2019年	均值	排序
东北三省	7.44	7.84	7.78	8.11	8.11	8.30	8.28	7.98	1
京津冀	6.11	7.07	7.45	7.14	6.95	6.39	6.15	6.75	2
长三角	5.75	6.08	6.34	6.59	6.55	6.58	6.50	6.34	3
西部地区	4.37	4.72	4.77	5.11	5.27	5.28	5.26	4.97	4
粤港澳	3.89	4.27	4.34	4.50	4.85	5.34	5.16	4.62	5
海南自贸港	4.43	4.43	4.87	4.55	3.64	3.65	3.73	4.19	6
全国	5.04	5.41	5.55	5.71	5.74	5.78	5.70	5.56	

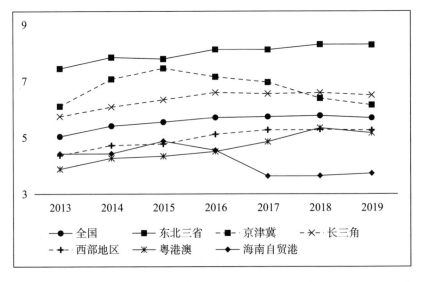

图3-32 2013—2019年不同区域中等职业教育生均运动场地面积变化趋势(平方米)

第三章 六大区域各级各类教育发展现状

通过对中等职业教育规模、资源投入以及办学条件情况的详细介绍以及与普通高中教育的对比分析,得出如下结论。(1)在教育规模方面,中等职业学校数量、在校生数都远远小于普通高中教育。但不同区域中等职业学校数量、在校生数的排序均与普通高中教育基本一致,西部地区与长三角分别排名前两位,海南自贸港排名最后。(2)在人力资源投入方面,各区域的中等职业教育在专任教师数、生师比、本科及以上学历教师比例这三个指标上的排序与普通高中教育的排序大体相同。以专任教师数为例,中等职业教育与普通高中教育的专任教师数的排序均为:西部地区、长三角以及粤港澳排名前三位,海南自贸港排名最后。此外,中等职业教育的专任教师数、本科及以上学历教师比例远小于普通高中教育,其生师比则大于普通高中教育。(3)在物力资源投入和办学条件方面,中等职业教育的生均图书册数、生均运动场地面积都明显小于普通高中教育,但每百名学生计算机数总体上略高于普通高中教育。从排序来看,各区域的中等职业教育与普通高中教育在生均图书册数、生均运动场地面积这两个指标上的排序差异相对较大,而在每百名学生计算机数上的排序相对接近,排名前三的区域均为经济相对发达的长三角、粤港澳和京津冀。(4)在变化趋势方面,2013—2019年,中等职业教育和普通高中教育的不同之处主要体现在学校数量、专任教师数以及生师比这三个指标上,前者在这些指标上均呈现出下降的迹象,而后者在这些指标上均有所上升。但在本科及以上学历教师比例、生均图书册数、每百名学生计算机数以及生均运动场地面积方面,普通高中和中等职业教育总体上均逐年上升。从六大区域在每个指标上的差距的变化趋势来看,2013—2019年间,差距有所扩大的指标包括普通高中生均图书册数、普通高中和中等职业教育每百名学生计算机数以及生均运动场地面积;各区域间差距在近年来有所缩小的指标为中等职业学校数量和在校生数、普通高中本科及以上学历教师比例。除这些指标之外,各区域间在其他各个指标上的差距基本上维持在原有水平。

第六节 六大区域高等教育发展现状

本节主要从高等教育规模、质量、科研以及国际化四个维度对六大区域的高等教育现状进行统计描述。其中,高等教育规模指标包括普通高等学校数量、在校生数及其占本地区总人口数比例;高等教育质量指标为"双一流"建设高校数量、THE世界大学排名上榜高校数量;科研指标包括研究与发展项目经费支出、国内外论文发表篇数这两个指标;国际化维度的指标分别为国际论文发表篇数及其占比[①]、国际学术会议交流论文篇数和国际合作交流派遣人次。[②]

一、普通高等学校数量

2019年,全国共有高等院校2719所,六大区域共计约占全国高校总数的70%。2019年各区域普通高等学校数量占比如图3-33所示。分区域来看,西部地区高校数量最多,占全国总数的23.75%;随后依次是长三角(15.33%)、东北三省(14.43%)以及京津冀(9.05%);粤港澳(6.18%)与海南自贸港(0.67%)的占比最低。这一排序与各区域的普通高中数量占比、中等职业学校数量占比基本一致。

[①] 国际论文发表篇数占比指国际论文发表篇数占国内外论文发表篇数的比例。为了表述上的方便,本章统一用"国际论文发表篇数占比"表示"国际论文发表篇数占国内外论文发表篇数的比例"这一含义。

[②] 在本节所使用的原始数据中,粤港澳地区除普通高等学校数量、THE世界大学排名上榜高校数量这两个指标外,其他指标的原始数据均只包括广东省,不包括港澳两地。

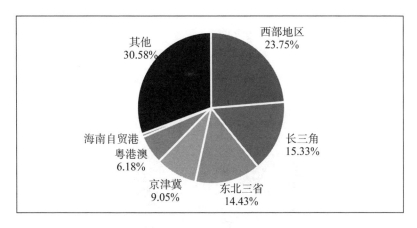

图 3-33　2019 年不同区域普通高等学校数量占比

二、不同区域在校生数及其占本地区总人口数比例

2019 年,我国本专科在校生数超过 3000 万人(约 3032 万)。图 3-34 呈现了各区域在校生数占全国在校生总数的比例,与各区域普通高等学校数量的排序类似,西部地区位居六大区域之首,占比为 26.37%,第二到第四名分别为长三角(15.56%)、京津冀(8.63%)和东北三省(8.31%),最后两名分别为粤港澳(6.78%)和海南自贸港(0.68%)。与普通高等学校数量排序的不同之处在于,东北三省的在校生数占比在六大区域中排名第四,仅为 8.31%,但其普通高等学校数量占比排名第三,达到了 14.43%;京津冀则恰好相反。可见,京津冀高校的平均在校生规模比东北三省大。

表 3-33 进一步展示了各区域在校生数占本地区总人口数的比例。总体来看,六大区域的比例都在 2% 左右,就各区域的比较而言,东北三省(2.33%)与京津冀(2.31%)分别排名第一、第二,都在 2.3% 以上;海南自贸港(2.19%)、西部地区(2.09%)与长三角(2.08%)尾随其后;粤港澳(1.78%)最低,是唯一一个未超过 2% 的区域。这一结果表明,粤港澳虽然经济发达,但本地培养的本专科及以上学历的人才占比最低;与之形成鲜明对比的是,东北三省的本专科及以上人才的培养力度大,但人才外

流现象较为严重,这可能与当地的经济社会发展水平与产业结构难以吸纳全部高校毕业生就业有一定关系。

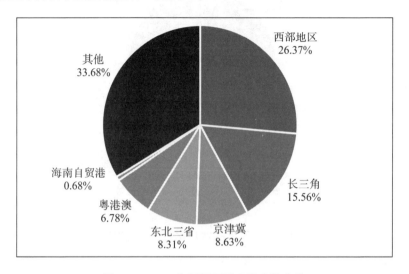

图 3-34　2019 年不同区域在校生数占比

表 3-33　2019 年不同区域在校生数占本地区总人口数比例

	区域总人口数（万人）	区域在校生数	区域在校生数占总人口数比例	占比排序
东北三省	10794	2519449	2.33%	1
京津冀	11308	2614882	2.31%	2
海南自贸港	945	207424	2.19%	3
西部地区	38181	7993312	2.09%	4
长三角	22714	4716508	2.08%	5
粤港澳	11521	2053977	1.78%	6

三、"双一流"建设高校数量

我国"双一流"建设高校共计 137 所,其中六大区域拥有 118 所,占全部"双一流"建设高校的 86.13%。从各区域的比较来看(见图 3-35),京津冀(29.20%)、长三角(24.82%)、西部地区(19.71%)的"双一流"建设高校占比排名前三,都在 19%以上;东北三省(8.03%)排名第四;粤港澳(3.65%)与海南自贸港(0.73%)排名最后,均未超过 4%。结合前文对各区域普通高等学校数量占全国总数的比例的分析,可以看到,虽然粤港澳、京津冀与长三角都属于六大区域中经济相对发达的地区,但粤港澳的优质高等教育机构数量远不如其他两个区域。

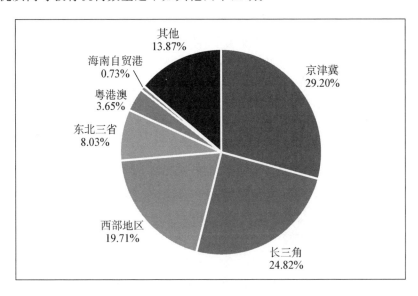

图 3-35 2019 年不同区域"双一流"建设高校数量占比

四、THE 世界大学排名上榜高校数量

与"双一流"建设高校数量一样,各区域进入 THE 世界大学排名的高校数量也是反映当地高等教育质量的指标之一。图 3-36 从排名前 1000 名、排名前 500 名与排名前 200 名这三个维度呈现了各区域拥有 THE 世界大学排名上榜高校的数量。从六大区域进入榜单前 1000 名的高校数量来看,长三角稳居首位,为 25 所;粤港澳(17 所)排名第二;京津冀与西部地区并列第三,均为 15 所;东北三省为 5 所,排名第五;不同于

以上五个区域,海南自贸港无一所大学跻身榜单前1000名。与此同时,各区域进入榜单前500名与前200名的高校数量也存在较大差异,其中,粤港澳有12所高校进入榜单前500名,在六大区域中排名第一,远高于长三角(7所)、京津冀(5所)、西部地区(5所)和东北三省(1所),而海南自贸港的数量为0。六大区域跻身榜单前200名的高校共计12所,分布于长三角(5所)、粤港澳(5所)与京津冀(2所)三个区域。值得一提的是,粤港澳排名前200名的5所高校全部来自香港。可以发现,与基于"双一流"建设高校数量的分析结果类似,与经济发展水平相当的长三角、京津冀相比,广东省在优质高等教育机构数量方面处于劣势,尤其是缺乏能够跻身世界大学前200名的高校。

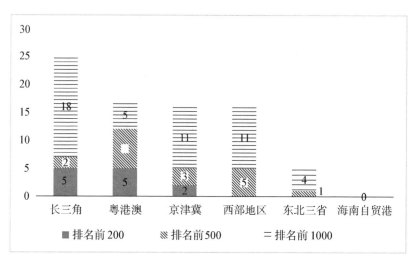

图3-36　2019年不同区域拥有THE世界大学排名上榜高校数量(所)

五、研究与发展项目经费支出

2019年,我国研究与发展项目经费支出总计为967.6亿元,图3-37是这些支出在六大区域以及全国其他区域的分配情况。可以看出,长三角和京津冀的研究与发展项目经费支出占全国总支出的比例分别在六大区域中排名第一与第二,两者之和超过了45%;西部地区排名第三,为

16.76%;其次是东北三省和粤港澳,两者都在10%左右;海南自贸港最低,仅为0.16%。这一排序恰好与各区域"双一流"建设高校数量的排序非常接近。这在一定程度上表明,优质高等教育机构数量越多,该区域的研究与发展项目经费支出也相对越高。

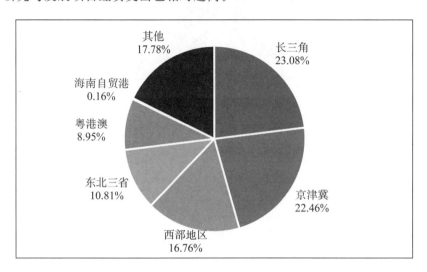

图 3-37　2019 年不同区域研究与发展项目经费支出占比

六、国内外论文发表篇数

上一个指标研究与发展项目经费支出能够较好地衡量一个区域的科研投入情况,而国内外论文发表篇数则常被用于衡量科研产出。2019年,六大区域国内外论文发表篇数总计为 785035 篇,占全国总数的76.5%。从各个区域国内外论文发表篇数占比的排序来看(见图 3-38),与各区域"双一流"建设高校数量占比、研究与发展项目经费支出占比情况类似,长三角(23.29%)、西部地区(21.01%)以及京津冀(14.56%)排名前三,其次是东北三省(9.79%)与粤港澳(7.59%),海南自贸港(0.27%)排名最后。不难得出,优质高等教育机构数量与该区域的科研投入及产出均具有一定的相关性。

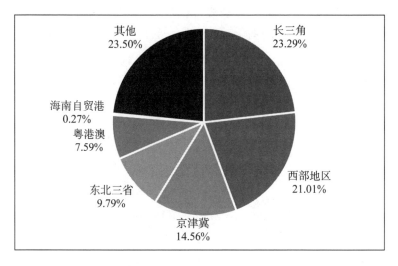

图 3-38　2019 年不同区域国内外论文发表篇数占比

七、国际论文发表篇数及其占比

为了比较六大区域的国际化水平,表 3-34 进一步展示了各区域国际论文发表篇数及其占比情况。六大区域在国际论文发表篇数上的排序与国内外论文发表篇数的排序存在一些差异。具体来说,粤港澳的国际论文发表篇数在六大区域中排名第三,为 18498 篇,超过了京津冀(18037 篇)与东北三省(16227 篇),但其国内外论文发表篇数则在这两个区域之后,排名第五。与之相反,京津冀、东北三省的国内外论文发表篇数排序分别为第三名、第四名,均比其国际论文发表篇数的排序靠前一名。不同于各个区域在前两个论文发表总量指标上的排序,在国际论文发表篇数占比的排序方面,海南自贸港排名第一,为 24.86%,但其国内外论文发表篇数、国际论文发表篇数均排名倒数第一,分别为 2764 篇与 687 篇,仅分别占全国总数的 0.27% 与 0.37%,前者远远低于排名倒数第二的粤港澳地区(其实只有广东)的 7.59%(77876 篇),后者则远远低于排名倒数第二的东北三省的 8.66%(16227 篇)。由此可见,海南自贸港的教育国际化水平还有很大的提升空间。

表 3-34 2019 年不同区域国际论文发表篇数及其占比情况

	国内外论文发表篇数（篇）	国际论文发表篇数（篇）	国际论文发表篇数排序	国际论文发表篇数占比	国际论文发表篇数占比排序
长三角	238993	51392	1	21.50%	3
西部地区	215610	30195	2	14.00%	5
粤港澳	77876	18498	3	23.75%	2
京津冀	149369	18037	4	12.08%	6
东北三省	100423	16227	5	16.16%	4
海南自贸港	2764	687	6	24.86%	1
全国	1026200	187346		18.26%	

八、国际学术会议交流论文篇数

2019 年，我国国际学术会议交流论文篇数为 99026 篇。图 3-39 是 2019 年不同区域国际学术会议交流论文篇数占比情况。其中，排名前三的分别为长三角(29.2%)、京津冀(19.81%)以及西部地区(15.44%)，这三个地区的国际学术会议交流论文篇数占比均在 15% 以上，随后依次为东

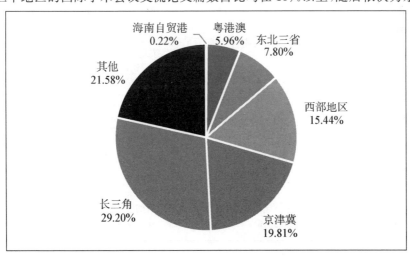

图 3-39 2019 年不同区域国际学术会议交流论文篇数占比

北三省(7.8%)、粤港澳(5.96%),排名最后的是海南自贸港,仅为0.22%。与前文对国际论文发表篇数的分析结果基本相同,海南自贸港的国际化水平与其他五个区域存在较大差距。

九、国际合作交流派遣人次

国际合作交流派遣人次是除国际论文发表篇数及其占比、国际学术会议交流论文篇数这两个指标之外,另一个衡量各个区域国际化水平的指标。2019年,我国国际合作交流派遣人次总计为47029人次。从图3-40可以看出,六大区域国际合作交流派遣人次占比的排序为:长三角(27.35%)、西部地区(18%)以及京津冀(13.76%)位居前三位,东北三省(9.88%)、粤港澳(5.72%)分别排名第四、第五名,海南自贸港(0.08%)排名末尾。这一排序特征与各区域"双一流"建设高校数量占比(高等教育质量指标)、研究与发展项目经费支出占比(科研指标)、国内外论文发表篇数占比(科研指标),以及另外两个国际化指标的排序基本相同。这些意味着,长三角、西部地区和京津冀的高等教育质量、科研情况以及国际化水平均领先于东北三省与粤港澳,海南自贸港则远远落后于其他五个区域。

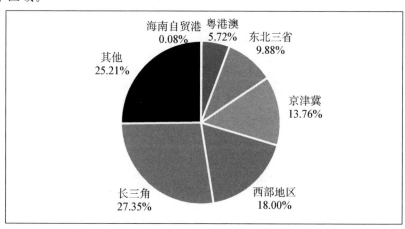

图3-40 2019年不同区域国际合作交流派遣人次占比

根据上文对六大区域高等教育规模、质量、科研以及国际化的对比分析可以发现,不同区域高等教育发展现状存在较为明显的差异:(1)在高等教育规模方面,西部地区、长三角的高校数量占比以及在校生数占比均位于前两名,粤港澳、海南自贸港都位居最后两名。(2)在高等教育质量方面,京津冀与长三角的"双一流"建设高校数量最多,两者之和占全国总数的一半以上,粤港澳与海南自贸港排名最后,均未超过4%;长三角、粤港澳、京津冀以及西部地区均有15所以上(含15所)高校进入THE世界大学排名前1000名,但仅有长三角、粤港澳和京津冀有高校进入前200名,并且粤港澳的前200名大学均来自香港。总体来看,粤港澳的优质高等教育机构数量逊色于与其经济发展水平相当的长三角和京津冀。(3)在科研方面,长三角、西部地区和京津冀的研究与发展项目经费占比、国内外论文发表篇数占比均排名前三,随后依次为东北三省和粤港澳,海南自贸港排名最后。(4)在国际化方面,长三角的国际论文发表篇数、国际学术会议交流论文篇数以及国际合作交流派遣人次均位居六大区域之首,与之相反,海南自贸港在这三个指标上都排名倒数第一,且与其他五个区域的差距非常明显。

第七节　六大区域各级各类教育比较

前六节对六大区域的学前教育、小学教育、初中教育、普通高中教育、中等职业教育以及高等教育的一系列指标进行了比较分析,这一节将进一步对六大区域各级各类教育的发展特征、存在的问题进行概括与总结,并据此提出相关建议。

京津冀教育整体发展水平较高,但教育用地略显不足,未来应加强一省两市教育资源优势互补,进一步提升区域教育质量。在基础教育师资投入方面,京津冀学前教育与义务教育阶段一定学历以上教师比例在六大区域中均排名前三。在基础教育的物力资源投入方面,京津冀的生均图书册数、每百名学生计算机数大多处于六大区域的前列，其中小学教育生均图书册数居六大区域之首。在高等教育阶段，京津冀在高等教育质量、科研水平以及国际化方面都表现出色，比如，"双一流"建设高校数量排名第一，研究与发展项目经费支出、国际学术会议交流论文篇数排名第二。另一方面，相较于其他区域，京津冀在教育用地面积上稍显逊色，具体体现在学前、小学与初中的生均校舍建筑面积都低于全国平均水平，排名倒数第一或第二，这可能反映了京津冀内部在生均校舍建筑面积方面差异较大，河北由于地域面积较大，教育用地可能更为充足。而在其他教育指标方面，北京与天津领先于河北。鉴于此，京津冀应该进一步加强一省两市优质教育资源共享，从而促进京津冀教育协同发展。

长三角各级各类教育发展均领先于其他五个区域，应当在继续保持教育高质量发展的同时，逐步提升区域教育一体化水平。从学前与义务教育阶段的投入与办学条件来看，长三角幼儿园、小学和初中一定学历以上教师比例分别在六大区域中排名第一、第二与第一；此外，长三角在这三个教育阶段的生均图书册数、每百名学生计算机数、生均校舍建筑面积也大多排在前两名。从高中教育阶段的教育规模与资源投入来看，长三角普通高中、中等职业教育的学校数量以及在校生数都在六大区域中排名第二；与之类似，衡量人力与物力资源投入的普通高中和中等职业教育专任教师数、本科及以上学历教师比例、生均图书册数也都排名前二，生师比则低于全国平均水平。从高等教育来看，无论是高等教育规模、质量还是区域整体的科研水平以及国际化程度，长三角都优于其他区域，其在各个具体衡量指标上的排名基本上位居前两位，例如，在校生数与"双一流"建设高校数量均排名第二，研究与发展项目经费支出与国际论文发表篇数排名第一。总体来看，长三角现阶段在各级各类教育发展上所取得的显著成就为其建设高质量教育体系奠定了坚实的基础。未来，长三角应该将教育发展重点转移到提高区域教育一体化水平方面，切实缩小安徽与其他三个省（市）的发展差距。

海南自贸港的教育发展相对偏弱，应该在国家重大战略的引领下，重

第三章 六大区域各级各类教育发展现状

点推进国际教育创新岛建设,从而带动各级各类教育高质量发展。就学前与义务教育阶段各类资源投入以及办学条件而言,海南自贸港的学前、小学与初中教育阶段的一定学历以上教师比例均排名倒数第一或第二;小学与初中的生均图书册数、每百名学生计算机数同样排名倒数第一;小学与初中的生均运动场地面积、生均校舍建筑面积表现稍好,但也大多排名第五或第四。就高中教育规模与资源投入而言,海南自贸港在普通高中和中等职业教育学校数量、在校生数、专任教师数、本科及以上学历教师比例,以及中等职业教育生均图书册数、每百名学生计算机数、生均运动场地面积这些指标上都排名末尾;而普通高中与中等职业教育的生师比则高于其他区域,分别排名第二与第一。同样,就高等教育而言,海南自贸港在几乎所有衡量高等教育规模、质量以及区域科研水平与国际化程度的指标上,都排名倒数第一,并且与其他五个区域的差距非常显著。以国内外论文发表篇数、国际论文发表篇数为例,海南自贸港分别为2764篇与687篇,而排名第一的长三角分别为23.9万篇与5.1万篇,差距非常明显。因此,海南自贸港应该在深刻认识到现阶段教育发展的薄弱环节,以及与其他区域存在的差距的同时,要抓住国家支持海南全面深化改革开放的重要契机,加快推进国际教育创新岛建设,扩大教育开放,全面提升区域教育质量。

东北三省的教育水平在六大区域中处于中间位置,未来应该充分利用老工业基地的区位优势和产业优势,以职业教育发展为突破口,助推东北振兴。在学前与义务教育阶段,东北三省的师资投入与物力投入基本处于第二到第四名的位置,比如,幼儿园园长、专任教师中具有大专及以上学历比例在六大区域中排名第四,小学教育生均图书册数排名第三,初中教育生均图书册数与每百名学生计算机数均排名第二。在高中教育阶段,东北三省在学校数量、在校生数、专任教师数等指标上的表现一般是第四与第五名;但东北三省在中等职业教育资源投入以及办学条件方面的优势较为突出,例如,虽然东北三省的中等职业教育生师比排名最后,但其生均运动场地面积排名第一,本科及以上学历教师比例仅次于长三角,排名第二。在高等教育阶段,东北三省的高等教育质量、科研与国际化表现基本上逊色于长三角、京津冀与西部地区,但优于粤港澳与海南自贸港。此外,值得一提的是,东北三省的高等院校数量高于京津冀,排名第三,在校生数与京津冀的差距也非常小,并且其高等教育在校生数占当地总人口数比例在六大区域中排名第一。通过对东北三省在高等教育各个维度的对比分析不难得出,东北三省在高等教育规模方面的优势较为明显,且主要以培养专业应用型人才为主。鉴于此,东北三省应当充分利用自身在专业应用型人才培养方面的优良基础,结合老工业基地的区位优势和产业优势,大力发展职业教育,助力东北振兴。

粤港澳拥有相对较高水平的基础教育,但其高等教育规模小,优质高等教育资源不足,因此发展更大规模、更高质量的高等教育是助推粤港澳湾区高质量发展的突破口。从义务教育阶段的投入来看,粤港澳的小学、初中教育一定学历以上教师比例排名分别为第三与第四,生均图书册数、每百名学生计算机数的排名都在第二到第四名之间。从义务教育阶段的办学条件来看,粤港澳小学、初中生均校舍建筑面积在六大区域中分别是第三名与第二名。从高中教育阶段来看,粤港澳的普通高中与中等职业教育的在校生数、专任教师数、本科及以上学历教师比例、每百名学生计算机数都排名前三。从高等教育阶段来看,粤港澳的高等教育规模小,其中高等教育在校生数占本地区总人口数比例在六大区域中排名最后。此外,广东省优质高等教育资源缺乏,比如,"双一流"建设高校数量排名第五,整个广东无一所大学进入 THE 世界大学排名前 200 名。此外,广东在高等教育方面的劣势还体现在科研与国际化维度,具体来说,广东的研究与发展项目经费支出、国内外论文发表篇数、国际学术会议交流论文篇数和国际合作交流派遣人次均在六大区域中排名倒数第二。不难发现,广东现阶段的教育发展短板主要是高等教育规模小,优质高等教育资源相对不足,科研水平低,以及国际化程度不高。因此,广东省应该优先做大做强高等教育,通过高等教育的提质增效带动整个粤港澳湾区的高质量发展。

不同于粤港澳,西部地区的高等教育发展相对较好,但基础教育整体偏弱,所以应重点提升基础教育质量与水平。就高等教育而言,无论是高等教育规模,还是反映高等教育质量的优质高校数量、区域科研水平与国际化程度,西部地区都排名前列。比如,西部地区的高等院校数量、在校生数均在六大区域中排名第一,"双一流"建设高校数量排名第三,国内外论文发表篇数、国际合作交流派遣人次都排名第二。相较于高等教育的优越表现,西部地区的基础教育发展水平整体偏低。具体来说,在学前与义务教育阶段投入方面,西部地区小学与初中一定学历以上教师比例排名都为第五,幼儿园、小学与初中的生均图书册数,以及小学与初中的每百名学生计算机数的排名都为倒数第一或第二。在义务教育阶段办学条件方面,除小学教育生均校舍建筑面积排名第一之外,初中教育生均校舍建筑面积以及小学、初中教育生均运动场地面积都低于全国平均水平。在高中教育资源投入与办学条件方面,西部地区的普通高中与中等职业教育本科及以上学历教师比例、生均图书册数、每百名学生计算机数,以及普通高中生均运动场地面积和生均校舍建筑面积均排名倒数第二,并且都低于全国平均水平。因此,为响应国家深入实施西部大开发战略,西部地区应该全面提高基础教育质量与水平。

第四章

六大区域教育与社会经济发展水平的协同性研究

第四章　六大区域教育与社会经济发展水平的协同性研究

理想情况下,教育发展水平应与当地社会经济发展水平相适应,即教育与当地社会经济要协同发展。一方面,教育主要以提升区域人力资本、促进技术进步等形式,进一步改善区域经济条件、公共服务、医疗卫生等社会发展水平,从而推动区域社会经济发展。另一方面,区域社会经济发展水平的高低也会影响人力资本的流动、教育投入的多寡等。社会经济发展水平高的区域更容易吸引高层次人才,劳动者受教育程度越高,在流动时越倾向于考虑流入地的基础教育和医疗服务质量[1],即高教育水平的劳动力在具有较高公共服务水平的地区定居意愿更为强烈。[2] 鉴于此,本章意在考察京津冀、东北三省、长三角、粤港澳、西部地区、海南自贸港六大区域教育与社会经济发展的协同性情况,从而为各区域推动落实教育发展战略、实现各级各类教育高质量发展并充分发挥教育与社会经济发展的相互促进作用提供借鉴。

第一节　相关变量解释说明

为分析区域教育发展与社会经济发展的协同性,首先要分别构建教育发展与社会经济发展的评价指标体系,从而获得衡量两者发展水平的客观测度,进而计算出教育发展与社会经济发展的区域协同性。在本章中,教育发展水平指标包括各级各类教育发展水平综合得分,这些指标的原始数据涉及教育投入、教育质量、教育国际化水平等各方面;社会经济发展水平指标包括反映社会总体发展水平的社会综合发展指标,衡量社会各细分领域发展水平的五项分指标(公共服务、环境健康、文化健康、人口发展与医疗服务),以及经济发展指标。

---

[1] 王有兴,杨晓妹.公共服务与劳动力流动:基于个体及家庭异质性视角的分析[J].广东财经大学学报,2018,33(04):62-74.

[2] 何炜.教育差异、公共服务提供与劳动力定居意愿[J].经济科学,2020(04):84-96.

一、教育发展水平指标

"十四五"时期我国需要继续坚持教育优先战略,其中,保障教育投入是基础。教育投入是支撑国家长远发展的基础性、战略性投资,并日益成为评价国家和地区是否优先发展教育的重要指标。故本章选取了与各级各类教育投入相关的指标,如人均校舍建筑面积、人均运动场面积、人均教育经费等。"十四五"时期教育发展更加突出"有质量的教育公平",并将机会公平、过程公平、结果公平与教育质量紧密联系在一起。[①][②] 因此,本章选取了每十万人口各级教育平均在校生数、专科及以上教师比例、师生比等指标,以系统衡量各区域各级各类教育质量。

此外,推进教育国际化战略、做强国际教育也是教育战略研究的重要参考点,当前教育国际化呈现出由单向流动到双向流动的趋势[③],因此,本章选取国际合作交流派遣人次、国际交流接受人次等指标来衡量各区域高等教育国际化水平。

表 4-1 各级各类教育发展水平指标体系

各级各类教育	一级指标	二级指标
学前教育	教育投入	人均教育经费
		人均校舍建筑面积
		人均运动场面积
		人均图书数量

[①] 李政涛.中国教育公平的新阶段:公平与质量的互释互构[J].中国教育学刊,2020(10):47—52.

[②] 褚宏启.新时代需要什么样的教育公平:研究问题域与政策工具箱[J].教育研究,2020,41(02):4—16.

[③] 马陆亭,安雪慧,梁彦,等."十四五"教育规划制定:依据点、参考点与关键点[J].现代教育管理,2020(11):1—7.

（续表）

各级各类教育	一级指标	二级指标
学前教育	教育质量	专科及以上教师比例
		师生比
		每十万人口平均幼儿园在园生数
小学/初中/ 普通高中/ 中等职业学校	教育投入	人均教育经费
		人均校舍建筑面积
		人均运动场面积、
		人均计算机数量
		人均图书数量
		人均教学仪器设备值
	教育质量	专科/本科及以上教师比例
		师生比
		每十万人口各级教育平均在校生数
高等教育	教育投入	学校科技经费
		研究与发展项目经费支出
	教育质量	高级职称教师比例
		师生比
		发表学术论文篇数
	教育国际化水平	国际合作交流派遣人次
		国际交流接受人次
		国外学术刊物

二、社会经济发展水平指标

随着我国城镇化水平的进一步提升，大量的农业转移人口将会落户于城镇。根据联合国预测，到2035年，我国的城镇化水平将提高至73.9%，并且，随着我国新型城市建设和城市群格局逐步形成，城市的公共服务体系是否能够提高居民的"满意度"与"获得感"愈来愈成为衡量区域社会发展水平的重要参照。有鉴于此,本章选取了黄钢教授在《中国城市健康生活报告》构建的社会经济发展指标体系用以衡量区域社会发展水平,该指标体系包括经济发展、公共服务、环境健康、文化健康、人口发展以及医疗卫生等一级指标。①

表 4-2　社会经济发展水平指标体系②

一级指标	二级指标	三级指标
经济发展 (0.20)	经济基础 (0.56)	人均国内生产总值(0.23)
		人均可支配收入(0.41)
		人均储蓄年末余额(0.37)
	生活消费 (0.44)	人均住房面积(0.18)
		人均生活用水量(0.13)
		人均生活用电量(0.10)
		人均煤气用量(0.08)
		人均液化石油气家庭用量(0.08)
		人均社会消费品零售总额(0.17)
		恩格尔系数(0.27)
公共服务 (0.13)	社会保障 (0.38)	城市养老保险覆盖率(0.33)
		城市医疗保险覆盖率(0.39)
		城市失业保险覆盖率(0.28)
	社会稳定 (0.32)	城市登记失业率(0.24)
		社会救济补助比重(0.46)
		在岗人均平均工资(0.30)

---

① 该报告由上海健康医学院院长、黄钢教授领衔撰写,已连续出版了4本,召开了三届学术论坛,受到了学术界的广泛关注和好评。

② 各级指标括号内为对应的权重。

(续表)

一级指标	二级指标	三级指标
公共服务 (0.13)	基础设施 (0.30)	人均拥有铺装道路面积(0.19)
		城市环境基础设施投资占GDP比重(0.22)
		常住人口城镇化率(0.14)
		每万人拥有公共交通车辆(0.22)
		每万人地铁长度(0.11)
		每万人建成区面积(0.11)
环境健康 (0.17)	城市生态环境质量 (0.53)	建成区绿化覆盖率(0.50)
		人均园林绿地面积(0.50)
	城市污染 治理状况 (0.47)	工业固体废物综合利用率(0.19)
		城市污水处理率(0.13)
		生活垃圾处理率(0.27)
		二氧化硫浓度(0.16)
		工业粉尘浓度(0.25)
文化健康 (0.09)	文化投入 (0.30)	人均科技经费支出(0.53)
		人均教育经费(0.47)
	教育水平 (0.38)	平均教育年限(0.48)
		万人拥有大学生人数(0.52)
	文化设施 (0.32)	人均公共图书馆藏书数(0.28)
		万人剧场影院数(0.30)
		万人拥有国际互联网用户数(0.42)
人口发展 (0.08)	人口信息 (0.46)	人均预期寿命(0.56)
		总抚养比(0.44)
	人口健康 (0.54)	孕妇死亡率(0.40)
		传染病发病率(0.60)

(续表)

一级指标	二级指标	三级指标
医疗卫生 (0.33)	医疗资源 (0.67)	万人医院数(0.23)
		每千人拥有医院床位数(0.24)
		每千人拥有执证医师数(0.24)
		每千人拥有卫生技术人员数(0.14)
		每千人拥有注册护士数(0.15)
	医疗投入 (0.33)	人均医疗保健支出(0.55)
		生事业经费占财政支出的比重(0.45)

三、数据来源与实证模型[①]

本章使用的数据为2018年横截面数据,数据来源于2019年发布的《中国教育统计年鉴》《中国教育经费统计年鉴》《中国统计年鉴》《中国城市统计年鉴》《中国城市健康生活报告》,以及教育部、国家统计局、中国科技数据库和中国卫生数据库。

本章在借鉴以往研究经验的基础上,使用SPSS21.0统计软件,采用因子分析法首先确定六大区域各级各类教育发展水平指标体系,接下来以因子贡献率作为权重,算出各级各类教育发展水平的综合得分。[②] 例如,在学前教育中选取使用主成分分析后因子贡献率最大的5个分指标作为自变量,再以因子贡献率为权重,得出通过该5个分指标预测出的学前教育发展水平得分。由于要反映整体情况,所以还需将通过该5个分指标预测出的学前教育发展水平得分除以该5个分指标的权重总和(0.945),最终得到学前教育发展水平的综合得分,即"学前教育发展水平综合得分=(每十万人口各级教育平均在校生数 * 0.515+

[①] 由于教育发展水平和社会发展水平分指标的单位不同,故本章在计算综合得分前均已将所有指标进行无纲化处理。

[②] 毛盛勇.中国高等教育与经济发展的区域协调性[J].统计研究,2009,26(05):82—85.

人均校舍建筑面积*0.146+人均运动场面积*0.129+人均图书数量*0.079+专科及以上教师比例*0.076)/0.945"。以此类推,同样可算出其他类别教育的综合得分。因此,各级各类教育分指标因子贡献率(权重)以及各级各类教育发展水平综合得分对应的计算公式如下所示:

学前教育发展水平综合得分=(每十万人口各级教育平均在校生数*0.515+人均校舍建筑面积*0.146+人均运动场面积*0.129+人均图书数量*0.079+专科及以上教师比例*0.076)/0.945;

小学教育发展水平综合得分=(每十万人口各级教育平均在校生数*0.443+人均校舍建筑面积*0.169+人均运动场面积*0.138+人均计算机数量*0.092+人均图书数量*0.069)/0.911;

初中教育发展水平综合得分=(每十万人口各级教育平均在校生数*0.593+人均校舍建筑面积*0.146+人均运动场面积*0.095+人均计算机数量*0.053+人均图书数量*0.047)/0.934;

高中教育发展水平综合得分=(每十万人口各级教育平均在校生数*0.780+人均校舍建筑面积*0.112+人均运动场面积*0.043+人均计算机数量*0.023+人均图书数量*0.017)/0.975;

中等职业教育发展水平综合得分=(每十万人口各级教育平均在校生数*0.768+人均校舍建筑面积*0.093+人均运动场面积*0.061+人均计算机数量*0.042+人均图书数量*0.014)/0.978;

高等教育发展水平综合得分=(高级职称教师比例*0.719+国外学术刊物*0.170+发表学术论文篇数*0.055+学校科技经费*0.031+研究与发展项目经费支出*0.015)/0.990。

与此同时,对于社会发展水平的衡量则主要参考黄钢教授在《中国城市健康生活报告》中所构建的社会发展指标体系。与教育发展水平综合得分的计算方法类似,社会发展水平综合得分主要根据该社会发展指标体系中各级分指标的权重(具体权重见表4-2)计算得出。在此基础上,本章先对六大区域中 24 个省[①]的教育发展水平综合得分以及社会发展水平综合得分分别按照从低到高的顺序进行排序,并用"得分等级"表示排序结果,如北京市学前教育的得分等级为 24,表示北京市学前教育发展水平综合得分在 24 个省中的排序为 24。需要说明的是,按照上述排序方式,教育发展水平或社会发展水平综合得分越高,其得分等级的值越大,表示该指标在 24 个省中排名越靠前。然后分别计算 24 个省各级各类教育的得分等级与社会发展得分等级之间的差值,简称为"等级差",等级差的绝对值越大,表明该地区的教育发展水平与社会发展水平的协同性越差;等级差为正,表示教育发展水平超前于社会发展水平;等级差为负,表示教育发展水平滞后于社会发展水平。为更加直观地反映两者间的协同性,本章还根据等级差的绝对值的大小将其划分为五类:"完全协同"(绝对值＝0)、"高度协同"(0＜绝对值≤3)、"一般协同"(3＜绝对值≤6)、"不协同"(6＜绝对值≤9)、"非常不协同"(绝对值＞9)。基于上述划分标准,本章分别确定了六大区域教育发展水平与社会综合发展水平的协同性类型、教育发展水平与社会发展五项分指标的协同性类型,以及教育发展水平与经济发展分指标的协同性类型,从而便于后文的区域比较和分析(详见附录1)。

鉴于经济发展与教育发展之间相互影响、相互制约的关系,本章第二、三两节首先分别对京津冀、东北三省、长三角、粤港澳、海南自贸港、西部地区(西南与西北)各级教育与社会综合发展水平的协同性以及它们与公共服务、环境健康、文化健康、人口发展及医疗卫生等社会发展五项分指标的协同性进行分析;第四节单独讨论了经济发展分指标与各级教育发展的协同性;第五节根据数据分析的结果,总结六大区域各级各类教育与社会整体协同发展的特点。

---

① 本书中"省"包括省、自治区和直辖市。同时,本书只针对六大区域中的省份进行分析,故只选取 24 个省。

第二节　六大区域教育与社会综合发展水平的协同性

一、京津冀区域教育与社会综合发展水平的协同性

从区域协同性来看,京津冀各级各类教育与社会综合发展的等级差均值在1.3—3之间,均属于高度协同。分省市来看,北京的教育与社会综合发展水平(除初中教育得分等级为23之外,其余均为24)及两者间的协同性在京津冀乃至24个省中表现最好。天津的各级各类教育与社会综合发展的得分等级在14—22之间,稍微落后于北京,但也在24个省中位于相对靠前位置,且教育与社会综合发展均达到了高度协同或一般协同状态。与北京、天津形成鲜明对比的是,河北的教育与社会综合发展水平均较弱,尤其是义务教育,得分等级仅为4和3,因此,河北的教育与社会综合发展属于低质量的高度协同或一般协同。

表4-3　京津冀区域教育与社会综合发展协同性①

	北京(24)		天津(18)		河北(7)		等级差均值	区域协同性
	等级差	得分等级	等级差	得分等级	等级差	得分等级		
学前教育	24	0	20	2	5	−2	1.3	高度协同
小学教育	24	0	17	−1	4	−3	1.3	高度协同
初中教育	23	−1	19	1	3	−4	2	高度协同
高中教育	24	0	22	4	5	−2	2	高度协同
中职	24	0	21	3	8	1	1.3	高度协同
高等教育	24	0	14	−4	12	5	3	高度协同

① 得分等级为各级各类教育发展水平综合得分在24个省中的排序,教育发展水平综合得分越高,得分等级的值越大;等级差为负表示该省市教育发展的得分等级低于社会综合发展的得分等级,即教育发展水平滞后于社会综合发展水平。各省市自治区名称后面的( )中的数值表示社会综合发展的得分等级。等级差均值指该地区所有省市等级差的绝对值的均值(下同)。

二、长三角区域教育与社会综合发展水平的协同性

总体来看,在长三角地区,上海、江苏与浙江的各级各类教育和社会综合发展水平均较高,明显超前于安徽,且上海在这两方面的发展水平尤为靠前。就区域协同性而言,长三角地区的小学教育、高等教育与社会综合发展一般协同,其余各级各类教育与社会综合发展高度协同。其中,上海各级各类教育与社会综合发展的得分等级均在22及以上,两者间均达到了高度协同或完全协同状态。与上海类似,浙江各级各类教育也多与社会综合发展水平呈现高度协同或完全协同状态,但得分等级(17及以上)略低于上海,而等级差的绝对值略高于上海。不同于上海、浙江各级各类教育发展相对均衡,江苏的教育发展水平整体较高,但小学教育发展相对较为落后,远远低于社会综合发展水平,与之不协同;其余类别教育与社会综合发展水平为高度协同或完全协同。与上述两省一市的表现恰好相反,安徽不但各级各类教育发展都处于中低水平,其社会综合发展水平也非常落后,得分等级仅为3,除高等教育外,安徽其余各级各类教育都与社会综合发展水平呈现出低质量的高度协同或一般协同状态。

表4-4 长三角区域教育与社会综合发展协同性

	上海(23)		江苏(21)		浙江(22)		安徽(3)		等级差均值	区域协同性
	得分等级	等级差	得分等级	等级差	得分等级	等级差	得分等级	等级差		
学前教育	23	0	21	0	19	−3	2	−1	1	高度协同
小学教育	22	−1	12	−9	20	−2	5	2	3.5	一般协同
初中教育	24	1	20	−1	22	0	8	5	1.75	高度协同
高中教育	23	0	20	−1	21	−1	9	6	2	高度协同
中职	23	0	20	−1	17	−5	9	6	3	高度协同
高等教育	22	−1	23	2	19	−3	15	12	4.5	一般协同

三、粤港澳区域教育与社会综合发展水平的协同性

在教育发展水平方面,广东除小学教育发展较弱外,其余各级各类教育均位于24个省中的中等或中高水平,并且高等教育发展最好;此外,广东的社会综合发展水平(得分等级为16)也位居24个省的中上位次。因此,广东的教育与社会综合发展水平的协同性总体上相对较高。其中,除小学教育与社会综合发展不协同之外,其他类别教育与社会综合发展均达到了一般协同、高度协同或完全协同状态。值得注意的是,广东的社会综合发展水平虽然与高等教育一般协同,但比高等教育低5个得分等级。换言之,广东省的社会综合发展水平对高等教育发展的支撑作用还有待进一步提升。

表4-5 粤港澳区域教育与社会综合发展协同性

	广东(16)		区域协同性
	得分等级	等级差	
学前教育	12	−4	一般协同
小学教育	7	−9	不协同
初中教育	16	0	完全协同
高中教育	19	3	高度协同
中职	13	−3	高度协同
高等教育	21	5	一般协同

四、东北三省教育与社会综合发展水平的协同性

在区域协同性方面,相较于京津冀所有类别教育均与社会综合发展达到了高度协同,东北三省仅有学前教育、初中教育、高等教育与社会综合发展为一般协同,其他均为不协同。从区域内部的比较来看,东北三省的相同之处在于,高中教育发展偏弱,位于24个省的中下水平,其余类别教育的发展水平均位于24个省的中上位置;其不同之处主要体现在,辽

宁社会综合发展的得分等级为20,与除高中教育以外的其他类别教育均达到了协同状态(包括高度协同与一般协同),而吉林和黑龙江社会综合发展的得分等级分别为11和8,与教育的协同性类型主要为非常不协同、不协同与一般协同。总的来说,虽然东北三省内部也存在发展差异,但这种差异远远小于京津冀内部河北与其他两市的差距。

表4-6 东北三省教育与社会综合发展协同性

	辽宁(20)		吉林(11)		黑龙江(8)		等级差均值	区域协同性
	得分等级	等级差	得分等级	等级差	得分等级	等级差		
学前教育	17	−3	16	5	18	10	6	一般协同
小学教育	14	−6	19	8	18	10	8	不协同
初中教育	21	1	18	7	13	5	4.3	一般协同
高中教育	11	−9	4	−7	3	−5	7	不协同
中职	16	−4	22	11	15	7	7.3	不协同
高等教育	18	−2	13	2	17	9	4.3	一般协同

五、海南自贸港教育与社会综合发展水平的协同性

从各级各类教育发展水平来看,海南自贸港的高中教育与学前教育发展相对较好,得分等级分别为18和10,在24个省中分别处于中上与中间略偏下位次;但海南自贸港其余各级各类教育的发展非常落后,得分等级仅在2—4之间。与此同时,海南自贸港的社会综合发展的得分等级为10,居于24个省中的中低位次。因此,海南自贸港教育与社会综合发展的区域协同性不及粤港澳地区。具体来说,海南自贸港的义务教育、中等职业教育和高等教育发展水平滞后于社会综合发展水平,高中教育则超前于社会综合发展水平,这些教育类别均与社会综合发展不协同或一般协同。鉴于此,海南自贸港在补齐教育领域发展短板的同时,还需进一步提升社会综合发展能力,从而实现各级各类教育与社会综合发展水平的高质量协同。

表 4-7 海南自贸港教育与社会综合发展协同性

	海南(10)		区域协同性
	得分等级	等级差	
学前教育	10	0	完全协同
小学教育	3	−7	不协同
初中教育	4	−6	一般协同
高中教育	18	8	不协同
中职	4	−6	一般协同
高等教育	2	−8	不协同

六、西部地区(西南)教育与社会综合发展水平的协同性

在西南地区,除了重庆、四川的教育与社会综合发展水平总体上位于 24 个省的中等及中等略偏下位置,以及西藏的教育发展水平(高等教育除外)处于中高位次外,其余三省(自治区)的教育与社会综合发展水平以及西藏的社会综合发展水平多处于较低的位次。在区域协同性方面,西南地区除了小学教育与社会综合发展不协同以外,其他各级各类教育与社会综合发展的协同性均为一般协同。从各省份来看,重庆、四川的教育发展水平总体上落后于社会综合发展水平,其中,重庆除小学教育、高等教育与社会综合发展水平高度协同以外,其他类别教育与社会综合发展水平为一般协同、不协同或非常不协同;与之类似,四川仅有高中教育与社会综合发展高度协同,其他类别教育与社会综合发展的等级差的绝对值在 5—8 之间,属于一般协同或不协同。与重庆、四川不同,西藏社会综合发展的得分等级极低,仅为 2,远远落后于其教育发展水平(高等教育除外),两者呈现出不协同与非常不协同状态,尤其是小学教育和中等职业教育的得分等级分别比社会综合发展水平高 21 和 17(得分等级的取值范围为 1—24),其中一个原因可能是中央对西藏的转移支付力度较大。与重庆、四川以及西藏相比,贵州、云南与广西的教育与社会综合发展

中国区域教育发展战略规划研究

表 4-8 西部地区（西南）教育与社会综合发展协同性

	重庆(14)		四川(12)		贵州(6)		云南(5)		西藏(2)		广西(1)		等级差均值	区域协同性
	得分等级	等级差	得分等级	等级差	得分等级	等级差	得分等级	等级差	得分等级	等级差	得分等级	等级差		
学前教育	8	-6	4	-8	9	3	7	2	14	12	1	0	5.2	一般协同
小学教育	15	1	6	-6	1	-5	9	4	23	21	2	1	6.3	不协同
初中教育	2	-12	7	-5	5	-1	6	1	10	8	1	0	4.5	一般协同
高中教育	6	-8	15	3	2	-4	7	2	13	11	1	0	4.7	一般协同
中职	10	-4	7	-5	5	-1	3	-2	19	17	2	1	5	一般协同
高等教育	11	-3	20	8	3	-3	8	3	4	2	9	8	4.5	一般协同

表 4-9 西部地区（西北）教育与社会综合发展协同性

	陕西(15)		甘肃(4)		青海(9)		宁夏(17)		新疆(13)		内蒙古(19)		等级差均值	区域协同性
	得分等级	等级差	得分等级	等级差	得分等级	等级差	得分等级	等级差	得分等级	等级差	得分等级	等级差		
学前教育	15	0	6	2	11	2	13	-4	3	-10	22	3	3.5	一般协同
小学教育	10	-5	11	7	13	4	16	-1	8	-5	21	2	4	一般协同
初中教育	15	0	9	5	14	5	11	-6	12	-1	17	-2	3.2	一般协同
高中教育	16	1	10	6	14	5	8	-9	12	-1	17	-2	4	一般协同
中职	12	-3	14	10	1	-8	11	-6	6	-7	18	-1	5.8	一般协同
高等教育	16	1	10	6	7	-2	6	-11	1	-12	5	-14	7.6	不协同

的协同性虽然较高(以完全协同、高度协同与一般协同为主),但都属于教育与社会综合发展水平"双低"的低质量协同,尤其是广西的教育与社会综合发展水平非常低,仅高等教育的得分等级为9,其他均为1或2。

七、西部地区(西北)教育与社会综合发展水平的协同性

总体来看,在西部地区,西北地区的各级各类教育与社会综合发展水平均领先于西南地区;但在区域协同性方面,两地的表现相对一致,除了一种教育级别与社会综合发展不协同之外,其他类别教育与社会综合发展均为一般协同。从西北地区内部各省、自治区来看,陕西和内蒙古的各级各类教育得分等级多处于24个省的中高水平,其他四省、自治区的教育发展水平相对落后,大多位于24个省的中等或中等略偏下位置。此外,陕西、宁夏和内蒙古的社会综合发展都位于24个省的中高水平,而其他三省、自治区都处在中间或中低水平。因此,在西北地区,陕西和内蒙古的教育与社会综合发展的协同性较高,除了陕西的小学教育与内蒙古的高等教育以外,其他类别教育与社会综合发展均为完全协同或高度协同,且属于教育与社会综合发展水平"双高"的高质量协同。与陕西、内蒙古相比,西北地区其他省、自治区的教育与社会综合发展的协同性较低,以一般协同、不协同与非常不协同为主。这些省、自治区能够被进一步细分为两类,其中,甘肃、青海的教育发展水平总体上超前于社会综合发展,而宁夏、新疆的教育发展水平则滞后于社会综合发展。

综上所述,六大区域在各级各类教育与社会综合发展水平以及两者间的协同性方面,既有共性,也有差异。具体来说,京津冀各级各类教育均与社会综合发展水平高度协同,其中北京与天津属于教育与社会综合发展水平"双高"的高质量协同,且北京优越于天津;河北则属于"双低"的低质量协同。在东北三省,各省除高中教育发展水平较弱之外,其他类别教育发展水平均位于24个省的中上水平;此外,辽宁的社会综合发展水平及其与教育的协同性均高于吉林与黑龙江。与京津冀类似,长三角地区的区域协同性也相对较高,但上海、江苏与浙江的各级各类教育和社会综合发展水平均远远超前于安徽,因此,前者主要属于高质量的完全协同与高度协同,后者则主要为低质量的高度协同与一般协同。粤港澳的社会综合发展水平在24个省中位于中上水平,与小学教育外的其他类别教育均达到了协同状态,但仍然比高等教育低5个得分等级,表明其对高等教育发展的促进作用可能还有待进一步提升。海南自贸港除高中教育得分等级为18以外,其他类别教育与社会综合发展水平的得分等级均未超过10,在24个省中位于中下水平;就协同性而言,海南自贸港的社会综合发展水平超前于小学教育与高等教育,但严重滞后于高中教育,并与这三种教育类别不协同。与之相反,其与其他类别教育均达到了一般协同或完全协同状态。在西部地区,从各级各类教育与社会综合发展水平来看,西北地区均优越于西南地区。但在教育与社会综合发展的协同性方面,西北地区与西南地区的表现相当,以一般协同为主。此外,西南地区的贵州、云南与广西的教育与社会综合发展明显落后于重庆与四川,而西北地区则是甘肃、青海与新疆的教育与社会综合发展相对较弱。

第三节 六大区域教育与社会发展水平五项分指标的协同性

一、京津冀区域教育与社会发展水平五项分指标的协同性

北京在公共服务、环境健康、文化健康、人口发展、医疗卫生5个方面的等级得分均居于24个省首位,除了初中教育稍微滞后于当地社会发展之外,其余类别教育均与社会发展五项分指标完全协同。

天津的公共服务、文化健康和人口发展的得分等级均在19及以上,在24个省中属于较高水平,因此,这三项社会发展分指标与同属于较高发展水平的各级各类教育(高等教育除外)的协同性较好,基本上处于完全协同或高度协同状态。不同于上述三项社会发展分指标,天津的环境健康与医疗卫生的得分等级分别为11和9,在24个省中排名相对靠后,

第四章 六大区域教育与社会经济发展水平的协同性研究

远远落后于除高等教育以外其他各级各类教育的发展,因此环境健康、医疗卫生与这些教育类别的协同类型以不协同、非常不协同为主。

河北的人口发展水平相对较高,得分等级为15,但公共服务、环境健康、文化健康、医疗卫生的得分等级在5—8之间,在24个省中处于较低水平。此外,河北的各级各类教育发展水平总体上也相对较低。因此,在协同性方面,河北的人口发展水平超前于各级各类教育发展水平,且与除高等教育外的其他类别教育不协同或非常不协同;与人口发展恰好相反,其他四项社会发展分指标与除高等教育外的其他类别教育的协同性相对较高,大多处于完全协同、高度协同或一般协同状态,且属于教育与社会发展水平"双低"的低质量协同。

结合上一节对京津冀教育与社会综合发展水平的协同性的分析可以得出,在教育、社会发展类指标[①]的发展水平以及两者之间的协同性方面,北京优越于天津,河北最弱,因此,在推动京津冀协同发展过程中,需要充分发挥北京、天津对河北的辐射带动作用。

表 4-10 京津冀区域教育与社会发展水平各指标的协同性

	北京				
	公共服务(24)	环境健康(24)	文化健康(24)	人口发展(24)	医疗卫生(24)
学前教育(24)	0	0	0	0	0
小学教育(24)	0	0	0	0	0
初中教育(23)	−1	−1	−1	−1	−1
高中教育(24)	0	0	0	0	0
中职(24)	0	0	0	0	0
高等教育(24)	0	0	0	0	0

---

① 为表述方便,本章统一用"社会发展类指标"指代"社会综合发展指标与社会发展五项分指标"。

(续表)

天津					
	公共服务(19)	环境健康(11)	文化健康(22)	人口发展(23)	医疗卫生(9)
学前教育(20)	1	9	−2	−3	11
小学教育(17)	−2	6	−5	−6	8
初中教育(19)	0	8	−3	−4	10
高中教育(22)	3	11	0	−1	13
中职(21)	2	10	−1	−2	12
高等教育(14)	−5	3	−8	−9	5
河北					
	公共服务(5)	环境健康(7)	文化健康(5)	人口发展(15)	医疗卫生(8)
学前教育(5)	0	−2	0	−10	−3
小学教育(4)	−1	−3	−1	−11	−4
初中教育(3)	−2	−4	−2	−12	−5
高中教育(5)	0	−2	0	−10	−3
中职(8)	3	1	3	−7	0
高等教育(12)	7	5	7	−3	4

二、长三角区域教育与社会发展水平五项分指标的协同性

在长三角地区,上海的各级各类教育发展都处于领先地位,因而与当地同处在中高发展水平的公共服务、文化健康、人口发展三项社会发展分指标高度协同或完全协同,但与发展水平略低的环境健康、医疗卫生一般协同或不协同。

与上海类似,江苏除小学教育外,其他各级各类教育都处在较高发展水平,因而与发展水平较为接近的公共服务、环境健康、文化健康和人口发

第四章　六大区域教育与社会经济发展水平的协同性研究

展等四项分指标一般协同、高度协同或完全协同;而小学教育则滞后于这四项社会发展分指标,主要表现为不协同。与前四项社会发展分指标不同,江苏的医疗卫生在 24 个省中仅处于中间位次,与除小学教育以外的其他类别教育的差距较大,因此,医疗卫生与教育主要表现为一般协同或不协同。

不同于上海和江苏在教育或社会发展分指标方面存在一些短板,浙江各级各类教育与全部社会发展分指标的发展水平都处于中高位次,因此教育与社会发展分指标的等级差均未超过 5,都达到了较高质量的协同状态。具体来说,浙江除中等职业教育与部分社会发展分指标属于一般协同外,其他类别教育与所有社会发展分指标均属于高度协同或完全协同。

与上海、江苏、浙江的教育与社会发展水平均处于 24 个省的中上水平相比,安徽除高等教育、环境健康以外的其他类别教育与社会发展分指标的得分等级在 1—11 之间,在 24 个省中居于较低位次。就协同性而言,环境健康的得分等级为 16,超前于各级各类教育发展;公共服务、医疗卫生的得分等级分别为 2 和 1,落后于各种类别教育发展,且这两项社会发展分指标与教育主要呈现出不协同与非常不协同状态;而文化健康、人口发展则与教育多为较低质量的高度协同、一般协同。

根据上一节的内容可以得出,安徽的教育、社会发展类指标的发展水平均在长三角地区处于靠后的位置,故长三角地区教育要实现更高质量一体化发展,需要在全面提升安徽整体教育实力,尤其是基础教育和中等职业教育的实力的同时,进一步提高安徽的公共服务与医疗卫生质量,从而带动长三角高质量一体化发展。

表 4-11　长三角区域教育与社会发展水平各指标的协同性

	上海				
	公共服务（21）	环境健康（17）	文化健康（23）	人口发展（22）	医疗卫生（16）
学前教育（23）	2	6	0	1	7
小学教育（22）	1	5	−1	0	6

(续表)

上海					
	公共服务(21)	环境健康(17)	文化健康(23)	人口发展(22)	医疗卫生(16)
初中教育(24)	3	7	1	2	8
高中教育(23)	2	6	0	1	7
中职(23)	2	6	0	1	7
高等教育(22)	1	5	−1	0	6
江苏					
	公共服务(18)	环境健康(20)	文化健康(20)	人口发展(20)	医疗卫生(14)
学前教育(21)	3	1	1	1	7
小学教育(12)	−6	−8	−8	−8	−2
初中教育(20)	2	0	0	0	6
高中教育(20)	2	0	0	0	6
中职(20)	2	0	0	0	6
高等教育(23)	5	3	3	3	9
浙江					
	公共服务(22)	环境健康(19)	文化健康(21)	人口发展(21)	医疗卫生(20)
学前教育(19)	−3	0	−2	−2	−1
小学教育(20)	−2	1	−1	−1	0
初中教育(22)	0	3	1	1	2
高中教育(21)	−1	2	0	0	1
中职(17)	−5	−2	−4	−4	−3
高等教育(19)	−3	0	−2	−2	−1

(续表)

	安徽				
	公共服务(2)	环境健康(16)	文化健康(10)	人口发展(11)	医疗卫生(1)
学前教育(2)	0	−14	−8	−9	1
小学教育(5)	3	−11	−5	−6	4
初中教育(8)	6	−8	−2	−3	7
高中教育(9)	7	−7	−1	−2	8
中职(9)	7	−7	−1	−2	8
高等教育(15)	13	−1	5	4	14

三、粤港澳区域教育与社会发展水平五项分指标的协同性

与长三角的上海和江苏在教育与社会发展水平分指标方面存在发展弱项类似,广东的小学教育与医疗卫生的发展水平也较低,得分等级分别为7和4,其余各级各类教育以及各项社会发展分指标的得分等级在12—23之间。从教育与社会发展分指标的协同性来看,学前教育、小学教育和中等职业教育远远落后于公共服务、环境健康以及文化健康的发展水平,但各级各类教育大多显著超前于医疗卫生;且上述教育与社会发展分指标间的协同类型以不协同与非常不协同为主,其中差距最为明显的是医疗卫生与高等教育,前者比后者低17个得分等级,这种低协同性不利于教育与社会发展相互促进。因此,粤港澳大湾区一方面需要提升小学教育、学前教育以及中等职业教育的教育质量,另一方面需要重点建设优质高效的医疗卫生服务体系,以消除落后的医疗卫生状况对当地高等教育发展的消极影响。

表 4-12 粤港澳区域教育与社会发展水平各指标的协同性

广东					
	公共服务 (23)	环境健康 (23)	文化健康 (19)	人口发展 (14)	医疗卫生 (4)
学前教育(12)	−11	−11	−7	−2	8
小学教育(7)	−16	−16	−12	−7	3
初中教育(16)	−7	−7	−3	2	12
高中教育(19)	−4	−4	0	5	15
中职(13)	−10	−10	−6	−1	9
高等教育(21)	−2	−2	2	7	17

四、东北三省教育与社会发展水平五项分指标的协同性

辽宁的各项社会发展分指标以及各级各类教育指标的得分等级基本上在 24 个省中处于中上水平,其教育与社会发展大多属于高质量的较高层次的协同,但也存在一些例外。例如,高中教育与环境健康分别是当地教育与社会发展领域的薄弱环节;环境健康落后于初中教育的发展,高中教育严重滞后于医疗卫生的发展,且前者表现为不协同,后者表现为非常不协同。

与辽宁类似,吉林的高中教育与环境健康的得分等级也远远低于其他类别教育或社会发展分指标。就协同性而言,吉林的人口发展与文化健康的得分等级分别为 19 和 14,在 24 个省中处于中上位次,与除高中教育外的其他类别教育大多属于完全协同、高度协同或一般协同。相较于这两个社会发展分指标,吉林的公共服务、环境健康和医疗卫生的得分等级在 6—10 之间,与高中教育、高等教育均以高度协同与一般协同为主;而与其他类别教育以不协同和非常不协同为主,且滞后于教育发展。

黑龙江的环境健康和高中教育的得分等级分别为 4 和 3,与当地其

他类别教育与社会发展分指标(得分等级在 12—18 之间)的差距非常明显,可以发现,东北三省的发展短板均为高中教育与环境健康。在协同性方面,黑龙江的环境健康与高中教育属于低质量的高度协同,而与其他类别教育不协同或非常不协同;与之类似,高中教育与除环境健康以外的其他四项社会发展分指标同样表现为不协同或非常不协同状态;除此之外,教育与各项社会发展分指标均属于相对较高质量的完全协同、高度协同或一般协同。

总体来看,在东北三省中,辽宁各项社会发展分指标的得分等级,以及教育与社会发展分指标间的协同性均优越于吉林与黑龙江,这与东北三省在教育与社会综合发展方面的协同性基本一致。此外,东北三省的教育与社会发展也存在共性问题,即高中教育与环境健康的发展水平明显落后于其他类别教育与社会发展分指标。因此,未来东北三省的发展应该重点关注高中教育,尤其是要把握好普通高中与中等职业教育、高等职业教育之间的发展关系,充分发挥职业教育在东北振兴中的积极作用;与此同时,东北三省还需要在社会综合发展水平以及环境治理方面做出努力。

表 4-13 东北三省教育与社会发展水平各指标的协同性

	辽宁				
	公共服务(17)	环境健康(14)	文化健康(17)	人口发展(17)	医疗卫生(21)
学前教育(17)	0	3	0	0	−4
小学教育(14)	−3	0	−3	−3	−7
初中教育(21)	4	7	4	4	0
高中教育(11)	−6	−3	−6	−6	−10
中职(16)	−1	2	−1	−1	−5
高等教育(18)	1	4	1	1	−3

(续表)

吉林					
	公共服务(9)	环境健康(6)	文化健康(14)	人口发展(19)	医疗卫生(10)
学前教育(16)	7	10	2	−3	6
小学教育(19)	10	13	5	0	9
初中教育(18)	9	12	4	−1	8
高中教育(4)	−5	−2	−10	−15	−6
中职(22)	13	16	8	3	12
高等教育(13)	4	7	−1	−6	3
黑龙江					
	公共服务(15)	环境健康(4)	文化健康(12)	人口发展(18)	医疗卫生(13)
学前教育(18)	3	14	6	0	5
小学教育(18)	3	14	6	0	5
初中教育(13)	−2	9	1	−5	0
高中教育(3)	−12	−1	−9	−15	−10
中职(15)	0	11	3	−3	2
高等教育(17)	2	13	5	−1	4

五、西部地区(西南)教育与社会发展水平五项分指标的协同性

与该地区的社会综合发展水平的特征基本一致,在西南地区,除了重庆、四川的教育和各项社会发展分指标,以及西藏的教育发展基本处于24个省的中低到中高水平以外,其余四省的教育发展水平(西藏除外)和各项社会发展水平分指标多处在较低的位次。

分省来看,重庆各项社会发展分指标的发展水平相对较高,大多超前于各级各类教育发展。具体而言,重庆的公共服务与环境健康的得分等

第四章 六大区域教育与社会经济发展水平的协同性研究

级达到 20 及以上,与排名中下的各级各类教育(均在 15 及以下)之间主要表现为不协同与非常不协同的状态。另外,在各种教育类别中,初中教育(得分等级仅为 2)发展最为薄弱,与社会发展五项分指标不协同或非常不协同。除上述情况之外,其他教育与社会发展分指标主要为中等质量的完全协同、高度协同与一般协同。

与重庆不同,四川高等教育发展位于较高水平(得分等级为 20),领先于社会发展五项分指标,二者主要为一般协同与不协同。但四川的学前教育、义务教育与中等职业教育的得分等级较低,在 4—7 之间,这些教育指标大多落后于社会发展五项分指标,其中与处于中上水平的公共服务、医疗卫生的差距最大,因此与这两项指标不协同或非常不协同。与其他教育类别不同,高中教育与除文化健康以外的其他社会发展分指标完全协同或高度协同。

与重庆和四川相比,西南地区的贵州、云南、西藏和广西的社会发展五项分指标的发展水平均较低,同时,除西藏外,其他省份的教育发展水平也不高,因此,这些省份教育与社会发展主要为低质量的完全协同、高度协同与一般协同,但不同省份之间也存在一些差异。其中,贵州的医疗卫生在 24 个省中排名中等(得分等级为 11),超前于各级各类教育发展,以一般协同和不协同为主;但其他社会发展分指标则与教育大多达到了完全协同、高度协同与一般协同状态,且属于社会与教育发展水平"双低"的低质量协同。

不同于贵州医疗卫生的发展明显超前于各种类别教育的发展,云南的全部教育和社会发展分指标的得分等级均未超过 9,位于 24 个省中的较低发展水平,因此云南的教育与社会发展的协同类型以低质量的完全协同、高度协同和一般协同为主。

广西的特点在于,广西除了高等教育(得分等级为 9)发展水平略高之外,其他类别教育的得分等级极低,为 1 或 2,而其各项社会发展分指标的得分等级在 2—9 之间,因此,广西的社会发展均略微超前于基础教育与中等职业教育发展,总体表现出低质量的协同状态(包括完全协同、高度协同与一般协同)。

与贵州、云南和广西的教育发展水平普遍较低不同,西藏的基础教育和中等职业教育的得分等级在 10—23 之间,在 24 个省中位于中等偏上水平;但与贵州、云南和广西类似,西藏的高等教育与社会发展分指标的发展水平均较低。因此,西藏的社会发展分指标与高等教育主要为低质量的高度协同与一般协同,但与其他类别教育发展主要呈现出不协同与非常不协同状态,且社会发展严重滞后于教育发展。

表 4-14 西部地区(西南)教育与社会发展水平各指标的协同性

	重庆				
	公共服务(20)	环境健康(22)	文化健康(15)	人口发展(10)	医疗卫生(12)
学前教育(8)	−12	−14	−7	−2	−4
小学教育(15)	−5	−7	0	5	3
初中教育(2)	−18	−20	−13	−8	−10
高中教育(6)	−14	−16	−9	−4	−6
中职(10)	−10	−12	−5	0	−2
高等教育(11)	−9	−11	−4	1	−1
	四川				
	公共服务(16)	环境健康(12)	文化健康(7)	人口发展(13)	医疗卫生(15)
学前教育(4)	−12	−8	−3	−9	−11
小学教育(6)	−10	−6	−1	−7	−9
初中教育(7)	−9	−5	0	−6	−8
高中教育(15)	−1	3	8	2	0
中职(7)	−9	−5	0	−6	−8
高等教育(20)	4	8	13	7	5

第四章 六大区域教育与社会经济发展水平的协同性研究

(续表)

贵州					
	公共服务(1)	环境健康(3)	文化健康(3)	人口发展(4)	医疗卫生(11)
学前教育(9)	8	6	6	5	−2
小学教育(1)	0	−2	−2	−3	−10
初中教育(5)	4	2	2	1	−6
高中教育(2)	1	−1	−1	−2	−9
中职(5)	4	2	2	1	−6
高等教育(3)	2	0	0	−1	−8
云南					
	公共服务(7)	环境健康(5)	文化健康(1)	人口发展(5)	医疗卫生(7)
学前教育(7)	0	2	6	2	0
小学教育(9)	2	4	8	4	2
初中教育(6)	−1	1	5	1	−1
高中教育(7)	0	2	6	2	0
中职(3)	−4	−2	2	−2	−4
高等教育(8)	1	3	7	3	1
西藏					
	公共服务(3)	环境健康(1)	文化健康(8)	人口发展(1)	医疗卫生(3)
学前教育(14)	11	13	6	13	11
小学教育(23)	20	22	15	22	20
初中教育(10)	7	9	2	9	7
高中教育(13)	10	12	5	12	10
中职(19)	16	18	11	18	16
高等教育(4)	1	3	−4	3	1

(续表)

	广西				
	公共服务(6)	环境健康(9)	文化健康(4)	人口发展(7)	医疗卫生(2)
学前教育(1)	−5	−8	−3	−6	−1
小学教育(2)	−4	−7	−2	−5	0
初中教育(1)	−5	−8	−3	−6	−1
高中教育(1)	−5	−8	−3	−6	−1
中职(2)	−4	−7	−2	−5	0
高等教育(9)	3	0	5	2	7

六、西部地区(西北)教育与社会发展水平五项分指标的协同性

结合上一节对西北地区各省社会综合发展水平的分析可以发现,西北地区的陕西、宁夏和内蒙古的社会发展类指标大多位于24个省的中高位次,而其余省份则多位于中间或中低水平。此外,在西北地区中,相较于其他省份,陕西和内蒙古的各级各类教育发展水平较高,多居于24个省的中高水平。

从各省情况来看,陕西各级各类教育得分等级在10—16之间,发展相对均衡,但其社会发展五项分指标的差距非常大,得分等级的极差为18。因此,陕西不同社会发展分指标与教育的协同性类型可以大致分成三类,其中,公共服务严重滞后于教育发展,以不协同与非常不协同为主;医疗卫生则超前于教育发展,其与教育发展的协同类型也以不协同与非常不协同为主;环境健康、文化健康、人口发展与教育基本上都达到了协同状态,包括完全协同、高度协同与一般协同。

甘肃的公共服务、环境健康、文化健康和人口发展的得分等级在8—10之间,与位于中间水平的各级各类教育属于完全协同、高度协同与一般协同;但其医疗卫生得分等级仅为5,与各级各类教育发展的协同性略差,以一般协同与不协同为主。

第四章 六大区域教育与社会经济发展水平的协同性研究

与甘肃相反,青海和新疆的医疗卫生的得分等级在当地五项社会发展分指标中最高,分别为 19 和 23,均显著超前于当地各级各类教育发展水平,因此与当地教育主要呈现出一般协同、不协同与非常不协同状态。此外,青海的环境健康、文化健康、人口发展的得分等级仅为 2 或 3,严重滞后于当地位于中间位次的学前教育、义务教育与高中教育的发展水平,且与这些教育类别均呈现出不协同或非常不协同状态。与青海的社会发展分指标存在发展弱项类似,新疆的人口发展得分等级也较低,仅为 2,与当地得分等级为 12 的初中教育、高中教育非常不协同,与当地其他类别教育(得分等级在 1—8 之间)属于低质量的高度协同或一般协同。

相较于青海和新疆仅医疗卫生超前于教育发展,宁夏的环境健康、文化健康和医疗卫生的得分等级在 16—18 之间,均超前于各级各类教育发展,其中与高中教育、高等教育发展不协同或非常不协同,与其他类别教育主要表现为完全协同、高度协同与一般协同状态。但宁夏的公共服务与人口发展的得分等级则在 24 个省中位于中低位次,略微滞后于处于中间及偏上水平的学前教育、义务教育与中等职业教育,并与其总体上呈现出中等质量的完全协同、高度协同与一般协同状态。

内蒙古的高等教育发展水平(得分等级为 5)明显落后于各项社会发展分指标,其中与发展水平相对较高的环境健康、医疗卫生呈现出非常不协同的状态。与之形成鲜明对比的是,内蒙古其他类别教育的得分等级在 17—22 之间,这些教育类别一方面与环境健康、医疗卫生均达到了高质量的协同状态(包括完全协同、高度协同与一般协同),另一方面则超前于处于中间发展水平的公共服务、文化健康与人口发展等社会发展分指标,并与其一般协同、不协同或非常不协同。

表 4-15 西部地区(西北)教育与社会发展水平各指标的协同性

陕西					
	公共服务(4)	环境健康(10)	文化健康(18)	人口发展(16)	医疗卫生(22)
学前教育(15)	11	5	−3	−1	−7
小学教育(10)	6	0	−8	−6	−12
初中教育(15)	11	5	−3	−1	−7
高中教育(16)	12	6	−2	0	−6
中职(12)	8	2	−6	−4	−10
高等教育(16)	12	6	−2	0	−6
甘肃					
	公共服务(10)	环境健康(8)	文化健康(9)	人口发展(9)	医疗卫生(5)
学前教育(6)	−4	−2	−3	−3	1
小学教育(11)	1	3	2	2	6
初中教育(9)	−1	1	0	0	4
高中教育(10)	0	2	1	1	5
中职(14)	4	6	5	5	9
高等教育(10)	0	2	1	1	5
青海					
	公共服务(13)	环境健康(2)	文化健康(2)	人口发展(3)	医疗卫生(19)
学前教育(11)	−2	9	9	8	−8
小学教育(13)	0	11	11	10	−6
初中教育(14)	1	12	12	11	−5
高中教育(14)	1	12	12	11	−5
中职(1)	−12	−1	−1	−2	−18
高等教育(7)	−6	5	5	4	−12

第四章 六大区域教育与社会经济发展水平的协同性研究

(续表)

宁夏					
	公共服务(11)	环境健康(18)	文化健康(16)	人口发展(8)	医疗卫生(18)
学前教育(13)	2	−5	−3	5	−5
小学教育(16)	5	−2	0	8	−2
初中教育(11)	0	−7	−5	3	−7
高中教育(8)	−3	−10	−8	0	−10
中职(11)	0	−7	−5	3	−7
新疆					
	公共服务(8)	环境健康(13)	文化健康(6)	人口发展(2)	医疗卫生(23)
学前教育(3)	−5	−10	−3	1	−20
小学教育(8)	0	−5	2	6	−15
初中教育(12)	4	−1	6	10	−11
高中教育(12)	4	−1	6	10	−11
中职(6)	−2	−7	0	4	−17
高等教育(1)	−7	−12	−5	−1	−22
内蒙古					
	公共服务(12)	环境健康(21)	文化健康(11)	人口发展(12)	医疗卫生(17)
学前教育(22)	10	1	11	10	5
小学教育(21)	9	0	10	9	4
初中教育(17)	5	−4	6	5	0
高中教育(17)	5	−4	6	5	0
中职(18)	6	−3	7	6	1
高等教育(5)	−7	−16	−6	−7	−12

七、海南自贸港教育与社会发展水平五项分指标的协同性

在海南自贸港,除高中教育与学前教育以外,其他类别教育不仅落后于社会综合发展水平,还滞后于当地各项社会发展分指标的发展水平。具体来说,海南自贸港的义务教育、中等职业教育和高等教育处于24个省中的较低水平,这些教育类别与当地位于中等偏上水平的公共服务、环境健康和文化健康等社会发展分指标的差距较为明显,两者间大多属于非常不协同状态;但其与人口发展、医疗卫生的差距相对较小,两者间属于教育与社会发展水平"双低"的高度协同或一般协同。高中教育、学前教育与五项社会发展分指标的协同性相对更高一些,两者间主要为高度协同与一般协同。

表4-16 海南自贸港教育与社会发展水平各指标的协同性

	海南				
	公共服务(14)	环境健康(15)	文化健康(13)	人口发展(6)	医疗卫生(6)
学前教育(10)	－4	－5	－3	4	4
小学教育(3)	－11	－12	－10	－3	－3
初中教育(4)	－10	－11	－9	－2	－2

总体来看,六大区域在各级各类教育与社会发展五项分指标之间的协同性,与其在各级各类教育与社会综合发展指标之间的协同性有诸多相似之处,因此,下文将综合这两部分内容,对六大区域教育与社会发展类指标的协同性进行小结。

就京津冀而言,北京在全部教育、社会发展类指标的得分等级以及两类指标之间的协同性方面均位居24个省的前列;天津的各级各类教育发展基本上处于中上水平,但社会发展分指标中的环境健康与医疗卫生发展稍显落后,因此,除这两项社会发展类指标与教育发展主要为不协同与非常不协同之外,其他社会发展类指标与教育发展的协同性较好;与北

第四章 六大区域教育与社会经济发展水平的协同性研究

京、天津形成鲜明对比的是,河北的各级各类教育与五项社会发展分指标整体上呈现出低质量的完全协同、高度协同与一般协同状态。

在东北三省中,辽宁的社会发展类指标在24个省中均处于中等偏上水平,教育与社会发展类指标的协同性也相对较高,在这些方面的表现均领先于吉林与黑龙江。但东北三省在教育与社会发展方面也面临相似的问题,例如,高中教育远远落后于其他类别教育,环境健康在社会发展类指标中的表现最为薄弱。

与京津冀地区存在的发展不平衡问题类似,长三角地区的上海、江苏、浙江基本上达到了教育与社会发展水平"双高"的高质量协同状态。但与浙江各级各类教育以及各社会发展类指标均表现出色相比,上海的医疗卫生与环境健康,以及江苏的医疗卫生与小学教育的发展,均滞后于当地其他教育与社会发展类指标的发展水平,但差距较小。同属于该地区的安徽则总体上呈现出教育与社会发展水平"双低"的不协同、一般协同与高度协同状态;除高等教育、环境健康以外,安徽其他教育与社会发展类指标的得分等级在24个省中处于较低水平,且不同指标的得分等级差距较大。

粤港澳区域的广东在各级各类教育与社会发展类指标中总体上表现较好,得分等级在24个省中属于中上水平。但无论是在教育还是社会发展领域,广东均具有明显的发展短板,前者体现在小学教育,后者体现在医疗卫生,因此,广东部分教育类别与部分社会发展类指标的协同性非常低。

海南自贸港的教育与社会发展水平在六大区域中总体上处于相对靠后的位置,但其高中教育、公共服务、环境健康以及文化健康的得分等级在24个省中属于中等偏上水平,因此,这三项社会发展类指标与除高中教育以外的其他类别教育以不协同与非常不协同为主。

在西南地区中,重庆的公共服务与环境健康、四川的公共服务与医疗卫生、贵州的医疗卫生、广西的环境健康基本上遥遥领先于当地各级各类教育发展水平,与当地教育主要属于不协同、非常不协同的协同类型;西藏除高等教育外的其他类别教育均远远超过了各项社会发展类指标,其与社会发展的协同性类型也以不协同与非常不协同为主。此外,西南地区各省教育与社会发展类指标之间的协同类型以中等或中等偏下质量(即教育与社会发展类指标均在24个省中居中等或中等偏下水平)的一般协同、高度协同以及完全协同为主。

与西南地区相比,西北地区的教育以及各项社会发展类指标的发展水平总体上更高一些。在协同性方面,除了陕西、青海、宁夏、新疆的医疗卫生、宁夏和新疆的环境健康、新疆的社会综合发展指标超前于各级各类教育发展,以及陕西的公共服务、青海的环境健康、文化健康和人口发展、内蒙古的文化健康总体上滞后于教育发展,且这些社会与教育发展类指标大多呈现出不协同或非常不协同状态之外,西北地区各省其他类别教育与社会发展类指标基本上处于中等质量的完全协同、高度协同与一般协同状态。

第四节 六大区域教育与经济发展水平的协同性分析

一、京津冀区域教育与经济发展水平的协同性

在京津冀区域,各级各类教育与经济发展的区域协同性均为高度协同,但区域内部不同省市之间存在差异。具体来说,在各级各类教育与经济发展水平,以及教育与经济发展的协同性方面,北京在京津冀乃至全国24个省中表现最好;天津次之,在24个省中处于中等偏上水平;河北表现最弱,除高等教育得分等级为12之外,河北的其他类别教育与经济发展的得分等级在3—8之间,因此,河北的教育与经济发展均为低质量的一般协同、高度协同或完全协同。这与京津冀各省在教育与社会发展类指标中的表现基本一致。

表 4-17 京津冀区域教育与经济发展水平的协同性

	北京(24)		天津(19)		河北(8)		等级差均值	区域协同性
	等级差	得分等级	等级差	得分等级	等级差	得分等级		
学前教育	24	0	20	1	5	−3	1.3	高度协同
小学教育	24	0	17	−2	4	−4	2	高度协同
初中教育	23	−1	19	0	3	−5	2	高度协同
高中教育	24	0	22	3	5	0	1	高度协同
中职	24	0	21	2	8	−3	1.7	高度协同
高等教育	24	0	14	−5	12	4	3	高度协同

二、长三角区域教育与经济发展水平的协同性

同教育与社会综合发展的区域协同性类似,长三角地区除高等教育与经济发展一般协同外,其余各级各类教育与经济发展高度协同。从不同省份的情况来看,上海各级各类教育与经济发展的得分等级均较高,在 22—24 之间,且教育与经济发展均呈现出高度协同或完全协同状态;浙江的教育与经济发展的得分等级(在 17—22 之间)以及两者间的协同性也相对较高,但稍逊于上海。江苏与上海、浙江的相似之处在于,其各级各类教育与经济发展水平在 24 个省中总体上也属于中上水平,教育与经济发展也以完全协同、高度协同为主;但江苏的不足之处在于小学教育的得分等级仅为 12,远远落后于经济发展,且与经济发展不协同。安徽与上海、江苏、浙江差距较大,除高等教育在 24 个省中居于中等偏上水平外,其他类别教育都处于中低水平,且经济发展水平更为落后,因此,安徽除高等教育以外的其他类别教育均与经济发展水平呈现出低质量的一般协同或高度协同。总体来看,长三角各省教育与经济发展的协同性与其教育与社会发展类指标的协同性非常接近。

表 4-18 长三角区域教育与经济发展水平的协同性

	上海(23)		江苏(20)		浙江(22)		安徽(4)		等级差均值	区域协同性
	得分等级	等级差	得分等级	等级差	得分等级	等级差	得分等级	等级差		
学前教育	23	0	21	1	19	−3	2	−2	1.5	高度协同
小学教育	22	−1	12	−8	20	−2	5	1	3	高度协同
初中教育	24	1	20	0	22	0	8	4	1.25	高度协同
高中教育	23	0	20	0	21	−1	9	5	1.5	高度协同
中职	23	0	20	0	17	−5	9	5	2.5	高度协同
高等教育	22	−1	23	3	19	−3	15	11	4.5	一般协同

三、粤港澳区域教育与经济发展水平的协同性

总体来看,广东的经济发展水平超前于各级各类教育发展水平。具体来说,广东经济发展的得分等级为 21,在 24 个省中处于较高水平,与居于中等及中等偏下水平的小学教育、学前教育以及中等职业教育呈现出不协同或非常不协同状态,与同属于较高水平的初中教育、高中教育以及高等教育均达到了协同状态(包括一般协同、高度协同与完全协同)。结合前文内容不难发现,尽管广东的部分教育与部分社会发展分指标不协同或非常不协同,但教育与社会综合发展指标的协同性以及部分教育类别与经济发展的协同性相对较高。此外,粤港澳大湾区在保持已有发展优势的同时,还需要重点关注医疗卫生、人口发展等社会发展领域的薄弱环节,以达到教育、社会与经济全面、高质量协同发展的状态。

表 4-19　粤港澳区域教育与经济发展水平的协同性

	广东(21)		区域协同性
	得分等级	等级差	
学前教育	12	−9	不协同
小学教育	7	−14	非常不协同
初中教育	16	−5	一般协同
高中教育	19	−2	高度协同
中职	13	−8	不协同
高等教育	21	0	完全协同

四、东北三省教育与经济发展水平的协同性

从区域协同性来看，东北三省的高中教育与经济发展属于一般协同；其他类别教育与经济发展均属于不协同，且经济发展滞后于教育发展。从区域内部比较来看，三个省份的共同点在于，高中教育均滞后于经济发展，除高中教育以外，其他各级各类教育均属于中等偏上水平，且均超前于经济发展。三个省份的不同之处主要体现在，辽宁经济发展的得分等级最高，为14，随后依次为吉林和黑龙江，分别为9和6；此外，辽宁各级各类教育与经济发展主要为完全协同、高度协同，而吉林与黑龙江则以不协同与非常不协同为主。结合前面两节对社会发展类指标的分析可以得出，东北三省各省份在教育与经济发展方面的表现，与其在教育与社会发展类指标方面的表现具有较为一致的特征。

表 4-20　东北三省教育与经济发展水平的协同性

	辽宁(14)		吉林(9)		黑龙江(6)		等级差均值	区域协同性
	得分等级	等级差	得分等级	等级差	得分等级	等级差		
学前教育	17	3	16	7	18	12	7.3	不协同
小学教育	14	0	19	10	18	12	7.3	不协同
初中教育	21	7	18	9	13	7	7.7	不协同
高中教育	11	−3	4	−5	3	−3	3.7	一般协同
中职	16	2	22	13	15	9	8	不协同
高等教育	18	4	13	4	17	11	6.3	不协同

五、西部地区(西南)教育与经济发展水平的协同性

就区域协同性而言,西南地区的教育与经济发展均达到了协同状态,其中,高中阶段教育均与经济发展高度协同,其他类别教育与经济发展一般协同。其中,重庆的经济发展得分等级仅为7,位于24个省中的中下水平,远低于其社会发展类指标的得分等级(在10－22之间),与同属于中下水平的各级各类教育以一般协同与高度协同为主。四川经济发展的得分等级与其社会发展类指标较为接近,前者为13,后者在7－16之间,在协同性方面,四川的经济发展与各级各类教育主要为一般协同与不协同。贵州、云南与广西的教育与经济发展水平在24个省中均属于非常低的水平,因此这三个省的教育与经济发展总体上呈现出低质量的协同状态,这与其教育与社会发展类指标的协同性较为一致。与社会发展类指标的较低水平形成鲜明对比的是,西藏除高等教育之外,其他类别教育与经济发展水平均位于西南地区的首位,且两者协同类型以一般协同与高度协同为主,如前所述,这可能与中央对西藏的转移支付力度较大有一定关系。

第四章　六大区域教育与社会经济发展水平的协同性研究

表 4-21　西部地区（西南）教育与经济发展水平的协同性

	重庆(7)		四川(13)		贵州(3)		云南(5)		西藏(16)		广西(2)		等级差均值	区域协同性
	得分等级	等级差	得分等级	等级差	得分等级	等级差	得分等级	等级差	得分等级	等级差	得分等级	等级差		
学前教育	8	1	4	−9	9	6	7	2	14	−2	1	−1	3.5	一般协同
小学教育	15	8	6	−7	1	−2	9	4	23	7	2	0	4.7	一般协同
初中教育	2	−6	7	−6	5	2	6	1	10	−6	1	−1	3.7	一般协同
高中教育	6	−1	15	2	2	−1	7	2	13	−3	1	−1	1.7	高度协同
中职	10	3	7	−6	5	2	3	−2	19	3	2	0	2.7	高度协同
高等教育	11	4	20	7	3	0	8	3	4	−12	9	7	5.5	一般协同

表 4-22　西部地区（西北）教育与经济发展水平的协同性

	陕西(10)		甘肃(1)		青海(12)		宁夏(11)		新疆(17)		内蒙古(15)		等级差均值	区域协同性
	得分等级	等级差	得分等级	等级差	得分等级	等级差	得分等级	等级差	得分等级	等级差	得分等级	等级差		
学前教育	15	5	6	5	11	−1	13	2	3	−14	22	7	5.7	一般协同
小学教育	10	0	11	10	13	1	16	5	8	−9	21	6	5.2	一般协同
初中教育	15	5	9	8	14	2	11	0	12	−5	17	2	3.7	一般协同
高中教育	16	6	10	9	1	−11	8	−3	12	−5	17	2	4.5	一般协同
中职	12	2	14	13			11	0	6	−11	18	3	6.7	不协同
高等教育	16	6	10	9	7	−5	6	−5	1	−16	5	−10	8.5	不协同

六、西部地区(西北)教育与经济发展水平的协同性

在区域协同性方面,西北地区的中等职业教育、高等教育均与经济发展不协同,其他类别教育则与经济发展一般协同,其协同性水平整体上逊色于西南地区;但在教育、经济发展以及各项社会发展类指标的发展水平方面,西北地区则超前于西南地区。从各省份来看,新疆经济发展的得分等级为17,在西北地区最高,也是西北地区唯一一个各级各类教育均严重滞后于经济发展的省级行政单位,两者的协同类型包括一般协同、不协同和非常不协同。内蒙古除高等教育外,其他类别教育与经济发展均处于24个省中的中上位置,因此,两者主要呈现出一般协同与高度协同状态。陕西、青海与宁夏的经济发展水平在24个省中位于中等水平,与当地同处于中间位次的各级各类教育均以完全协同、高度协同及一般协同为主。与西北地区其他省份存在较大差异的是,甘肃经济发展的得分等级仅为1,远远落后于当地教育发展水平,因此甘肃的经济发展与各种类别教育主要属于不协同与非常不协同的协同类型。

七、海南自贸港教育与经济发展水平的协同性

海南自贸港的经济发展处于24个省的中上水平,远远超前于当地社会综合发展、人口发展、医疗卫生等社会发展类指标(得分等级在6—10之间),与得分等级同为18的高中教育属于较高质量的完全协同,与发展水平偏弱或居中的其余各级各类教育(得分等级在2—10之间)不协同或非常不协同。因此,海南自贸港要以建设海南国际教育创新岛为契机,用足用好国家相关政策,加大对当地教育、医疗等基本公共服务的资金投入,以教育国际化推动海南自贸港各领域的高质量协同发展。

第四章　六大区域教育与社会经济发展水平的协同性研究

表 4-23　海南自贸港教育与经济发展水平的协同性

	海南(18)		区域协同性
	得分等级	等级差	
学前教育	10	−8	不协同
小学教育	3	−15	非常不协同
初中教育	4	−14	非常不协同
高中教育	18	0	完全协同
中职	4	−14	非常不协同
高等教育	2	−16	非常不协同

总体来看,六大区域在教育与经济发展之间的协同性与其在教育与社会发展类指标之间的协同性,同样存在较多共同特征。具体来说,在教育与经济发展、教育与社会发展类指标之间的协同性,以及各个指标的发展水平方面,京津冀的北京表现最为出色,天津表现居中,河北表现最弱,且在24个省中处于非常低的水平。与京津冀略有差异,东北三省中,辽宁在上述方面表现稍好,吉林与黑龙江略差,但三个省份之间的差距相对较小,且三省共同面临高中教育、环境健康发展较弱,以及经济发展滞后于教育发展等问题。与京津冀内部存在发展差异类似,长三角的上海、浙江与江苏在教育、经济发展与社会发展水平及其协同性方面均遥遥领先于发展非常落后的安徽,上海的表现优于浙江与江苏,但差距不明显。粤港澳除小学教育、学前教育、中等职业教育、医疗卫生、人口发展以外,其他教育、经济发展以及社会发展类指标在24个省中位于中上位次,且协同性也相对较高。海南自贸港的经济发展与社会发展类指标的发展水平总体上高于当地的教育发展,其较高的经济发展水平一方面能够为当地教育发展提供较为充足的物质保障,另一方面也能够吸纳本土培养的人才在当地就业。在西部地区,西北地区的教育、经济发展以及各项社会发展类指标的发展水平均超前于西南地区;此外,西南地区与西北地区均存在内部发展不均衡问题,如西南地区的贵州、云南、广西明显落后于重庆

和四川,西北地区的甘肃发展相对偏弱。

第五节　本章小结

本章主要使用因子分析法,并利用2018年24个省各级各类教育发展指标数据以及社会经济发展指标体系相关数据,分析了京津冀、东北三省、长三角、粤港澳、海南自贸港、西部地区(西南与西北)各级各类教育与社会综合发展水平的协同性,以及它们与公共服务、环境健康、文化健康、人口发展及医疗卫生等社会发展五项分指标的协同性,探讨了各级各类教育发展与经济发展分指标的协同性,得出如下研究结论。

京津冀的教育与社会发展、教育与经济发展水平的区域协同性均在六大区域中最高,但河北的教育、社会与经济发展水平非常低,是推进京津冀教育协同发展过程中的关键环节。在各级各类教育与社会综合发展水平以及与经济发展水平的区域协同性方面,京津冀是六大区域中唯一一个全部类别教育均与这两个指标达到了高度协同的区域。此外,在教育、社会与经济发展水平方面,北京与天津在24个省中总体上居于中上位次。与之形成鲜明对比的是,河北在上述方面的发展水平大多位居24个省的中下水平,且部分指标的得分等级极低,如基础教育、公共服务和文化健康的得分等级仅在3—5之间。因此,应充分发挥北京、天津对河北的辐射带动作用,切实缩小区域内部发展差距,从而促进京津冀教育协同发展。

东北三省目前发展的短板主要是经济发展、环境健康与高中教育,未来应充分利用其在职业教育与高等教育人才培养方面的优势,补齐发展短板,实现东北全面、全方位振兴。东北三省的各级各类教育、社会发展类指标总体上达到了中等及中等偏上水平,但仍然面临高中教育、环境健康发展偏弱,远远落后于其他类别教育与社会发展类指标,以及经济发展严重滞后于教育发展等问题,其中吉林和黑龙江在这方面的表现更差。

第四章 六大区域教育与社会经济发展水平的协同性研究

另一方面,东北三省的中等职业教育与高等教育的发展水平在24个省中相对靠前,并且本书上一章的分析也发现,东北三省在高等教育规模与应用型人才培养方面的优势较为突出,有鉴于此,东北三省应该以中等职业教育、高等教育为突破口,并结合老工业基地的区位优势与产业优势,补齐经济发展、环境健康与高中教育等方面的发展短板,最终实现东北振兴。

长三角的上海、江苏与浙江的教育、社会与经济发展水平及其协同性均位居24个省的中上水平,而安徽的发展总体上较为落后,要实现长三角教育更高质量一体化发展,则需要重点提升安徽的发展质量与水平。与京津冀的区域协同性水平较高但内部存在发展不平衡的问题类似,在教育与社会综合发展水平以及教育与经济发展水平的区域协同性方面,长三角的表现仅次于京津冀,均达到了一般协同或高度协同;在教育、社会与经济发展水平方面,长三角地区的上海、江苏、浙江的得分等级较高,且教育与社会、经济发展水平总体上呈现出完全协同或高度协同状态;安徽的发展整体偏弱,尤其是学前教育、小学教育、公共服务、医疗卫生、社会综合发展和经济的发展更为落后,这些指标的得分等级均未超过5。可见,要实现长三角教育更高质量一体化发展,应该全面提升安徽教育、社会与经济发展水平,推动安徽加快融入长三角一体化发展。

粤港澳的高等教育与经济、部分社会发展类指标均达到了高质量的完全协同或高度协同状态,良性互动作用明显,所以应继续以发展高等教育为重要抓手,助推湾区高质量发展。一方面,粤港澳的高等教育、公共服务、环境健康、文化健康以及经济发展的得分等级均在19及以上,因此,高等教育与这些社会与经济发展指标完全协同或高度协同,且相互促进作用较强。另一方面,粤港澳的医疗卫生、人口发展均严重滞后于高等教育发展,与高等教育不协同或非常不协同,从而可能对高等教育发展产生阻碍作用。此外,上一章对粤港澳高等教育发展现状的分析结果表明,与其他大部分区域相比,粤港澳的高等教育规模偏小,且优质高等教育资源不足。鉴于此,未来粤港澳既要继续加大高等教育资源投入,又要通过提升医疗卫生、人口发展等社会发展领域的薄弱环节,以降低其对高等教育发展的消极影响等方式,做大做强高等教育,以高等教育的质量提升助推湾区高质量发展。

海南自贸港的经济发展总体上超前于当地教育发展,在加大教育、医疗等基本公共服务资金投入的同时,应以建设国际教育创新岛为契机,推动当地各领域高质量协调发展。海南自贸港的经济发展得分等级为18,位于24个省的中上水平,遥遥领先于发展水平处于中等偏下位次的各级各类教育(高中教育除外)的发展,其较低的教育发展水平,以及教育与经济发展的低协同性(主要包括不协同与非常不协同)可能会阻碍当地经济的持续健康发展。此外,海南自贸港的人口发展与医疗卫生的发展水平也相对较低,得分等级均为6。因此,海南自贸港应以加快推进国际教育创新岛建设为契机,用足用好国家相关政策以及本地经济发展优势,加大对教育与基本公共服务的资金投入,着力提升各级各类教育质量与社会服务水平,最终实现教育、社会与经济高质量协调发展。

西北地区与西南地区的部分省份均面临基础教育发展较为薄弱,且严重滞后于当地社会与经济发展水平的问题,可见全面提高基础教育质量是实现西部大开发战略目标的重要突破口。上一章从多个维度对整个西部地区各级各类教育发展现状的分析得出,相较于高等教育,西部地区在基础教育投入、办学条件等方面均低于全国平均水平;这一章对西部地区各省各级各类教育的分析结果同样表明,无论是西南地区还是西北地区,均有一些省的基础教育还很薄弱,与当地社会与经济发展的耦合性较差,并可能对其社会与经济发展造成消极影响。举例来说,在西南地区,四川的学前教育得分等级仅为4,而当地公共服务、医疗卫生与经济发展的得分等级在13—16之间;在西北地区,新疆的学前教育得分等级为3,而环境健康、医疗卫生和经济发展的得分等级分别为13、23和17。因此,在新时代推进西部大开发战略的过程中,应该重点提升西部地区基础教育质量与水平,进一步增强基础教育、经济与社会发展的协调性。

第五章

六大区域教育财政投入努力程度及匹配度研究

第五章　六大区域教育财政投入努力程度及匹配度研究

本书第三章对六大区域各级各类教育人力与物力资源投入、办学条件、办学规模、教育产出情况进行了描述统计分析,第四章进一步论述了不同区域各级各类教育发展水平与当地社会经济发展水平的协同性,上述内容较为全面地概述了六大区域的教育发展特征与办学成效。与此同时,教育事业的发展与繁荣归根结底取决于教育经费投入,尤其是政府的财政性教育经费投入。有鉴于此,本章将在前两章基础上,运用 OLS 回归模型,通过构建教育财政投入努力程度、供给匹配度与实际教育财政投入排名等指标,考察各区域教育财政投入现状,以期从教育财政投入的视角为六大区域教育发展战略的贯彻落实提供政策建议。

第一节　研究设计

一、指标说明

(一) 教育财政投入努力程度

在介绍教育财政投入努力程度之前,我们先对教育财政相关概念进行简要介绍。教育财政是指政府通过其收支活动筹措、分配和使用教育经费,以实现国家既定的教育发展目标。[①] 因此,教育经费的来源结构、分配结构与使用结构能够较为直观地反映教育财政体系的概貌。其中,来源结构反映了教育成本的分担情况,可以细分为财政性教育经费与非财政性教育经费两大类,前者指政府对教育的公共投入,是我国教育经费来源的主要组成部分,例如,2020 年,我国财政性教育经费为 42908.15 亿元,占全国教育经费总投入的 80.91%;后者属于社会和个人对教育的投入,包括社会团体和公民个人办学经费、社会捐集资办学经费、学费、杂费及其他相关教育经费投入。分配结构指教育经费在不同教育子系统之间的分配情况,这也是本章从各级各类教育的视角分析六大区域教育经

---

① 闵维方,马莉萍.教育经济学[M].北京:北京大学出版社,2020:408.

费投入现状的重要原因之一。使用结构反映了教育经费的支出情况,主要指事业性支出与基本建设支出。①②

本章的教育财政投入努力程度是指地方政府在教育经费投入方面的努力程度,反映了地方政府对教育支出的重视程度。国内已有文献在衡量教育财政投入努力程度时主要采用两种方法。第一种方法是直接采用单个或多个表示教育投入的指标。常用的指标包括"两个比例"(国家财政性教育经费占国民生产总值的比例和预算内教育投入占财政支出的比例)和"三个增长"(预算内教育经费拨款增长速度高于财政收入增长速度、生均预算内教育事业费逐年增长和生均预算内公用经费逐年增长)。刘泽云利用我国"九五"期间"两个比例"和"三个增长"的数据,分析了政府对教育财政投入的努力程度。③ 秦惠民和杨程在研究地方政府的高等教育财政投入努力程度时,选取了高校财政性教育经费占国内生产总值的比例、地方普通高等学校预算内经费占地方财政支出的比例两个指标。④ 与这两项研究对多个指标的数据单独进行分析略有不同,杨顺光等先对中等职业学校财政预算内教育事业费支出占地区GDP的比重、中等职业学校财政预算内事业费支出占地区财政支出的比重、中等职业学校预算内教育事业费支出占地区教育财政支出的比重三个指标进行因子分析,得到一个综合指标,然后运用该指标衡量地方政府对中等职业教育的财政努力程度。⑤ 虽然我国教育政策或文件中也经常使用"两个比例"和"三个增长"表示教育经费投入情况,但这些指标很难准确反映出政府对教育财政投入的努力程度或对教育的重视程度,原因在于,GDP与财

---

① 陈晓宇.我国教育经费结构:回顾与展望[J].教育与经济,2012(01):21—28.
② 杨蓉,刘婷婷.中国教育经费配置结构分析:基于历史趋势和国际视野的双重探讨[J].全球教育展望,2019,48(06):46—61.
③ 刘泽云."九五"期间我国政府对教育投入努力程度的实证分析[J].高等教育研究,2003(02):61—65.
④ 秦惠民,杨程.地方政府对高等教育投入努力程度的实证研究[J].国家教育行政学院学报,2013(07):73—79.
⑤ 杨顺光,李玲,刘雅奇.地方政府对中等职业教育财政投入努力程度的实证研究:基于2000—2013年全国31省的面板数据[J].中国职业技术教育,2016(09):20—24.

第五章 六大区域教育财政投入努力程度及匹配度研究

政支出代表了一个地区的经济发展水平与财政能力,经济越发达的地区,通过教育培养人才的需求越大。此外,地方政府的财政能力在很大程度上决定了当地的教育财政投入能力。因此,如果我们仅仅使用"两个比例"和"三个增长"这种统一的标准衡量地方政府对教育财政投入的努力程度,就在一定程度上忽视了教育需求与教育财政投入能力的地区差异。

第二种方法是将各个地方政府的实际教育财政投入作为回归模型的被解释变量,以影响教育财政投入的因素作为解释变量,得到的拟合值表示在其他因素不变的情况下,根据当地解释变量(如 GDP)的实际发展水平,政府应该达到的教育财政投入水平,即预期教育财政投入,然后将实际教育财政投入与预期教育财政投入的比值作为教育财政投入努力程度的衡量指标。在影响因素(模型的解释变量)的选取方面,不同研究存在差异。丁建福和宗晓华在控制时间效应的基础上,选择了地区人均国内生产总值、人均中央转移支付作为解释变量。[①] 欧阳华生和余宇新也在控制时间效应的基础上,选取国内生产总值、特定年份的人口规模作为解释变量。[②] 邹俊伟等人控制了时间效应和个体效应后,选择了转移支付、财政分权程度、地区人口受教育水平、人口密度等作为解释变量。[③]

从两种方法的比较来看,第二种方法在衡量教育财政投入努力程度时考虑了不同地区的发展水平差异,相对合理一些。但采用第二种方法的研究也面临一个共性问题,即它们选取的实际教育财政投入指标与基于回归模型得到的预期教育财政投入均包括了上级政府的转移支付部分。而在理想情况下,地方政府的教育财政投入努力程度是指地方本级的实际教育财政投入与其自身发展水平应该达到的教育财政投入的比值。

[①] 丁建福,宗晓华.地方政府教育投入努力及匹配程度:基于2001—2010年省级面板数据[J].教育科学,2013,29(05):1—7.

[②] 欧阳华生,余宇新.省际间政府教育投入努力度的差异性研究[J].审计与经济研究,2008(05):81—85.

[③] 邹俊伟,杨中全,段谋娟.财政分权、转移支付与地方政府教育投入努力[J].中央财经大学学报,2010(01):12—16.

有鉴于此,本章将借鉴孙志军和郝苗[①]的研究思路,以省级政府为分析单位,先采用回归模型得到各省修正后的实际教育财政投入与各省预期教育财政投入,然后用修正后的实际投入与预期投入的比值表示省级政府的教育财政投入努力程度,比值越大,表明该省的教育财政投入努力程度越大,后文将在模型估计部分对该指标的计算思路进行更为详细的介绍。此外,为进行六大区域之间的教育财政投入努力程度的比较[②],本章还将通过计算同一区域内不同省份的教育财政投入努力程度的均值,得到区域层面的教育财政投入努力程度指标。

(二)教育财政投入供给匹配度

本章的供给匹配度是指某个地方的实际教育财政投入与预期教育财政投入的匹配情况,包括教育财政投入供给适度、供给过度与供给不足三种类型。教育财政投入供给适度表示实际教育财政投入与预期教育财政投入基本匹配;教育财政投入供给过度与供给不足分别表示两种供给不匹配状态,前者指实际教育财政投入高于预期教育财政投入,后者指实际教育财政投入低于预期教育财政投入。下文将详细介绍划分三种教育财政投入供给匹配度类型的思路与方法。

借助教育财政投入努力程度这一指标,我们能够比较不同地方政府对教育支出的偏好。但是,当判断某个地方的实际教育财政投入是否适度时,我们不能简单地将教育财政投入努力程度偏离"1"等同于实际教育财政投入与预期教育财政投入不匹配。这是因为,在回归模型中,残差(实际教育财政投入与预期教育财政投入的差值)的大小不仅会受到政府对教育重视程度的影响,还会受到遗漏变量的影响。例如,如果政府为重建被自然灾害摧毁的校园建筑而在短期内投入了大量教育经费,但由于

---

① 孙志军,郝苗.教育财政努力程度:概念与测量方法[J].教育经济评论,2018,3(03):3—13.

② 鉴于西部地区的西北地区与西南地区存在较大差异,本章在统计分析部分将西部地区划分为西北地区与西南地区两个区域,因此,本章所有区域层面的指标均指七大区域的情况。但考虑到表述上的一致性,部分正文内容仍然使用"六大区域"这一说法。下文不再一一说明。

第五章 六大区域教育财政投入努力程度及匹配度研究

数据可得性等原因,这一变量没有被纳入回归模型,则该变量可能成为影响残差大小的遗漏变量。因此,我们在衡量教育财政投入供给匹配度之前,应该先排除由遗漏变量等因素导致的"正常"偏差。换言之,只有回归模型的残差的绝对值达到某个临界值时,才可以认为实际教育财政投入与预期教育财政投入不匹配。

基于此,本章借鉴龚锋和卢洪友[1]的研究,引入回归方程的均方根误(RMSE)作为临界值,并进一步根据以下标准将教育财政投入供给匹配度分成适度、过度与不足三类:

(1) $|lnY_a - \widehat{lnY_a}| <$ RMSE,教育财政投入供给适度;

(2) $|lnY_a - \widehat{lnY_a}| \geqslant$ RMSE,并且 $lnY_a > \widehat{lnY_a}$,教育财政投入供给过度;

(3) $|lnY_a - \widehat{lnY_a}| \geqslant$ RMSE,并且 $lnY_a < \widehat{lnY_a}$,教育财政投入供给不足。

其中,lnY_a 表示实际教育财政投入,$\widehat{lnY_a}$ 表示预期教育财政投入[2],$|lnY_a - \widehat{lnY_a}|$ 表示实际教育财政投入与预期教育财政投入差值的绝对值,RMSE 表示均方根误。与前文对教育财政投入努力程度的界定类似,本章的教育财政投入供给匹配度包括各省供给匹配度与各区域供给匹配度。因此,在衡量各省教育财政投入供给匹配度时,lnY_a 与 $\widehat{lnY_a}$ 的下标均表示省份;在衡量各区域的教育财政投入供给匹配度时,下标表示区域[3]。

---

[1] 龚锋,卢洪友.公共支出结构、偏好匹配与财政分权[J].管理世界,2009(01):10-21.
[2] 这里的实际教育财政投入指当地本级政府的实际教育财政投入,不包括由上级转移支付所贡献的教育投入部分,预期教育财政投入同理。
[3] 值得注意的是,如果某个区域的省份数量多于1个,则在判断该区域的教育财政投入供给匹配度之前,需要先计算区域内所有省份教育投入情况的均值,包括实际教育财政投入的均值、预期教育财政投入的均值,以及实际教育财政投入与预期教育财政投入之差的绝对值的均值。

(三) 实际教育财政投入排名

已有研究发现,某个地方的教育财政投入努力程度较高,但其实际教育财政投入水平可能很低。[①] 因此,本章还将引入实际教育财政投入排名指标,以比较各个省份或区域的实际教育财政投入水平。引入这一指标的作用是,通过比较同一地区教育财政投入供给匹配度与实际教育财政投入排名情况,可能大致判断出当地政府的教育财政压力情况,例如,如果某个地方的教育财政投入供给过度,但实际教育财政投入排名非常靠后,说明当地政府的教育财政压力较大。

从指标的操作化定义来看,本章的实际教育财政投入排名包括两类,一类是24个省份的实际教育财政投入排名,另一类是七大区域的实际教育财政投入排名。前者指每个省份的实际教育财政投入在24个省份中的位次,取值范围为1—24,数值越小,表示排名越靠前。后者指同一区域内所有省份实际教育财政投入排名的均值在7个区域中的位次,取值范围为1—7,与24个省份的实际教育财政投入排名类似,数值越小,表示排名越靠前。此外,需要说明的是,这里的实际教育财政投入不包括由上级转移支付所贡献的教育财政投入部分。这样定义主要考虑了两方面的因素:一是为了能够更为准确地反映出在不考虑转移支付的情况下各个地区的教育财政投入情况;二是为了与前两个指标中实际教育财政投入的含义保持一致。

二、模型估计

(一) 数据来源

本章采用的是2018年横截面数据,其中,各级教育生均一般公共预算教育经费数据来源于教育部、国家统计局、财政部发布的《关于2018年全国教育经费执行情况统计公告》;参考王文甫等的研究思路,总的转移支付数据来源于2018年《中国财政年鉴》中各省(市、自治区)一般公共预

[①] 范海燕.地方高校财政性教育投资不均衡性研究[J].教育与经济,2011(03):31-36.

第五章 六大区域教育财政投入努力程度及匹配度研究

算收支决算总表下的中央补助收入减去中央支出;[①]常住人口数和人均GDP数据均来源于2019年《中国统计年鉴》。

(二) OLS回归模型

模型的被解释变量是实际教育财政投入,用各省的生均一般公共预算教育经费衡量。由于被解释变量实际上包含了教育转移支付,而理想情况下的教育财政投入努力程度应该指地方政府本级的实际教育财政投入,因此,本章将人均转移支付作为解释变量,该部分回归结果表示转移支付对实际教育财政投入的贡献,在计算教育财政投入努力程度时,再将这部分去除。此外,经济发展水平是地方教育财政投入的重要影响因素,所以本章用人均国内生产总值作为经济发展水平的代理变量,并纳入模型。最终建立如下OLS回归模型:

$$Ln\ Y_i = \beta_0 + \beta_1 Ln\ pertransfer_i + \beta_2 Ln\ pergdp_i + \varepsilon_i \quad (1)$$

其中,被解释变量$Ln\ Y_i$表示各个省份的生均一般公共预算教育经费的对数。$pertransfer_i$表示各省的人均转移支付,用各省总的转移支付数除以各省的常住人口数得到。$pergdp_i$表示各省的人均国内生产总值。

(三) OLS回归结果与教育财政投入努力程度指标的计算

本部分将基于模型(1)的回归结果,以学前教育为例,具体介绍计算各省教育财政投入努力程度的步骤。

第一步,将各省的学前教育数据代入模型(1),得到相应的常数以及两个解释变量的回归系数,再将这些值代入模型(1)。此时,模型左边表示各个省的预期教育财政投入,为了与实际教育财政投入进行区分,用LnX_i表示,并将这一新的模型命名为式(2):

$$LnX_i = -6.17 + 0.652 * Ln\ pertransfer_i + 1.415 * Ln\ pergdp_i \quad (2)$$

第二步,由于预期教育财政投入不应该包括由上级政府转移支付所贡献的部分,因此,去掉式(2)中由转移支付所贡献的部分,得到修正后的

[①] 王义甫,王召卿,郭柃沂.转移支付宏观经济效应的区域差异性研究[J].当代经济科学,2020,42(06):38—49.

预期教育财政投入 $\widehat{LnX_i}$：

$$\widehat{LnX_i} = -6.17 + 1.415 * Ln\, pergdp_i \tag{3}$$

第三步，与预期教育财政投入类似，在计算教育财政投入努力程度之前，先用实际教育财政投入减去式（2）估计的转移支付所贡献的部分，得到修正后的实际教育财政投入 $\widehat{LnY_i}$：

$$\widehat{LnY_i} = Ln\, Y_i - 0.652 * Ln\, pertransfer_i \tag{4}$$

第四步，用修正后的实际教育财政投入除以修正后的预期教育财政投入，得到本章所定义的各省学前教育财政投入努力程度：

$$各省学前教育财政投入努力程度 = \widehat{LnY_i} / \widehat{LnX}$$

其他各级各类教育财政投入努力程度的计算思路与学前教育完全一致，此处不再一一赘述。

第二节 六大区域教育财政投入努力程度及供给匹配度

一、学前教育

从区域比较来看，学前教育财政投入努力程度最大的是京津冀，为 1.05，最低的是粤港澳，为 0.98（如表 5-1 所示）。学前教育教育财政投入供给过度的区域包括京津冀与海南自贸港，其他 5 个区域均为教育财政投入供给适度，表明京津冀与海南自贸港的学前教育实际教育财政投入均超过了预期教育财政投入，其他 5 个区域的学前教育财政投入供给水平与其经济发展水平更加匹配。值得注意的是，24 个省份中，学前教育财政投入供给不足的省份只有两个，且都在西部地区，分别是西南地区的重庆与西北地区的青海。在学前教育实际教育财政投入排名方面，七大区域的排名从高到低依次为京津冀、长三角、粤港澳（与长三角并列第二）、海南自贸港、东北三省、西南地区与西北地区。就教育财政投入供给

第五章 六大区域教育财政投入努力程度及匹配度研究

匹配度与实际教育财政投入排名的关系而言,京津冀不但教育财政投入供给过度,其学前教育实际教育财政投入排名也在七大区域中位居首位;而同样教育财政投入供给过度的海南自贸港,其学前教育实际教育财政投入排名仅为第四名。与海南自贸港面临的情况类似,东北三省、西南地区与西北地区的学前教育财政投入供给适度,但实际教育财政投入在七大区域中排名靠后,这说明经济发展水平在一定程度上制约了这些区域的学前教育实际财政投入水平。长三角、粤港澳的学前教育财政投入供给适度,实际教育财政投入排名也相对靠前,表明这两个地区的经济较为发达,当地的学前教育财政压力相对较小。

表5-1 不同区域学前教育财政投入努力程度及供给匹配度①

		教育财政投入努力程度	教育财政投入供给匹配度	实际教育财政投入排名
京津冀	北京	1.05	过度*	1
	天津	1.08	过度*	3
	河北	1.03	适度	11
	区域均值	1.05	过度*	1
长三角	上海	1.03	适度	2
	江苏	0.97	适度	5
	浙江	1.04	过度*	4
	安徽	0.99	适度	13
	区域均值	1.01	适度	2
粤港澳	广东	0.98	适度	6/2
东北三省	辽宁	0.98	适度	18
	吉林	1.05	过度*	10
	黑龙江	1.05	过度*	19
	区域均值	1.03	适度	5

---

① 为阅读方便,供给匹配度为"过度"时,统一在后面加上"*";供给匹配度为"不足"时,统一在后面加上"#"。粤港澳和海南自贸港的实际教育财政投入排名的含义为:"/"前面的数字表示在24个省份中的排名,"/"后面的数字表示在七大区域中的排名。下同。

(续表)

		教育财政投入 努力程度	教育财政投入 供给匹配度	实际教育财政 投入排名
西南地区	重庆	0.95	不足#	15
	四川	1.00	适度	12
	贵州	1.02	适度	14
	云南	1.02	适度	16
	西藏	1.01	适度	17
	广西	0.97	适度	23
	区域均值	0.99	适度	6
西北地区	陕西	1.01	适度	8
	甘肃	1.06	过度*	21
	青海	0.95	不足#	24
	宁夏	0.97	适度	22
	新疆	0.98	适度	20
	内蒙古	0.99	适度	9
	区域均值	0.99	适度	7
海南自贸港	海南	1.05	过度*	7/4

从各个区域内部来看,在京津冀,北京和天津的学前教育不仅教育财政投入供给过度,其实际教育财政投入排名也在24个省份中分别位居第一与第三名;与之形成鲜明对比的是,河北的学前教育财政投入供给适度,实际教育财政投入排名位于24个省份中的中等水平,为第十一名。要实现京津冀教育协同发展,需要优先补齐河北在学前教育财政投入方面的短板。

在东北三省,吉林和黑龙江的学前教育财政投入供给过度,说明当地政府的教育财政投入努力程度较大,但它们的实际教育财政投入排名分别位于24个省份中的中间、非常靠后的位置。辽宁的学前教育财政投入供给适度,实际教育财政投入排名也比较靠后。

与京津冀的内部特征较为一致,在长三角,浙江的学前教育财政投入供给过度,上海与江苏的学前教育财政投入供给适度,这两省一市的实际教育财政投入排名在第二到第五名之间,这意味着,这些地区由于经济发达,当地学前教育财政压力相对较轻。与之相反,安徽在学前教育财政投入供给适度的情况下,实际教育财政投入排名为第十三名,处于中后位次。

粤港澳的学前教育财政投入供给适度,但在七大区域以及 24 个省份中的排名均相对靠前,说明当地政府自主承担学前教育发展经费的能力较强。海南自贸港的学前教育财政投入供给过度,但在七大区域中的实际教育财政投入排名相对偏后,为第四名,说明海南自贸港的学前教育财政压力较重。

在西南地区,除重庆的学前教育财政投入供给不足以外,其他省份的学前教育财政投入供给适度。在实际教育财政投入排名方面,广西在 24 个省份中排名第二十三名,其他省份的排名也位于中间或中间靠后位置。这说明,重庆不但学前教育实际投入不足,当地政府的学前教育财政投入努力程度也非常低;广西的学前教育财政压力可能比较大,需要加强对广西的教育转移支付力度或帮扶力度。

西北地区与西南地区均有一个省份的学前教育财政投入不足,分别是重庆与青海。但这两个区域也存在一些不同点,即西北地区不同省份间的差异更大。具体来说,西北地区的陕西与内蒙古的学前教育财政投入适度,实际教育财政投入排名分别为第八名和第九名;而甘肃、宁夏和新疆在学前教育财政投入适度或过度的情况下,实际教育财政投入排名在第二十名甚至更靠后的名次。

二、小学教育

在区域层面,小学教育财政投入努力程度的取值范围为 0.99—1.02,表明七大区域间的小学教育财政投入努力程度的差异较小。就供给匹配度而言,除东北三省供给过度以外,其他六个区域均为供给适度。就实际教育财政投入排名而言,与学前教育略有不同,小学教育排名第一的为粤港澳,紧随其后的是长三角与京津冀;但整体来看,无论是学前教育还是小学教育,排名前三的区域均为经济发展水平相对靠前的粤港澳、长三角与京津冀。

分区域来看,在京津冀,北京和天津的小学教育财政投入供给过度,实际教育财政投入排名分别为第一和第四名。而河北的小学教育财政投入供给适度,实际教育财政投入在24个省份中排名第十九名。结合前文对京津冀学前教育财政投入情况的分析可以得出,河北与北京、天津的实际教育财政投入排名的差距在小学阶段更为明显。

在东北三省,与学前教育一致,吉林与黑龙江的小学教育的供给匹配度类型为过度,而辽宁为适度;与学前教育不同,黑龙江小学教育的实际教育财政投入排名为第九名,比学前教育提升了10个名次。

在长三角,小学教育财政投入的整体情况与学前教育比较类似,安徽的小学教育实际教育财政投入排名远远落后于上海、江苏与浙江,前者在24个省份中排名第十四名,属于中等偏后位置,而后三个省市的排名在第二到第六名之间。与学前教育的不同之处在于,学前教育财政投入供给过度的是浙江,而小学教育财政投入供给过度的是上海。

粤港澳的小学教育财政投入特征与学前教育也基本一致,供给匹配度为适度,实际教育财政投入排名在24个省份以及七大区域中均非常靠前。与粤港澳相反,海南自贸港的小学教育与学前教育呈现出较大差异,例如,学前教育的供给匹配度是过度,而小学教育是适度;小学教育的实际教育财政投入在24个省份以及七大区域中的排名分别为第十五和第五名,比学前教育分别下降了8个与1个名次。

在西南地区,除西藏的小学教育财政投入供给过度之外,其他省份均为供给适度。在小学教育实际教育财政投入排名方面,西藏、重庆和云南分别为第七、第十和第十三名,在24个省份中位于中间略靠前或中间位次;而其他省份的排名在第十七到第二十三名之间,说明西南地区内部不同省份之间也存在较大差异。

总体上看,西北地区的小学教育财政投入供给匹配度、实际教育财政投入排名与当地学前教育的特征基本相同。具体而言,宁夏的小学教育财政投入供给不足,且实际教育财政投入在24个省份中排名倒数第一;甘肃在小学教育财政投入供给过度的情况下,实际教育财政投入排名也非常靠后;其他省份的小学教育财政投入均为供给适度,在小学教育实际教育财政投入排名方面,陕西与内蒙古在24个省份中排名居中,青海与新疆的排名较为靠后。

表5-2 不同区域小学教育财政投入努力程度及供给匹配度

		教育财政投入努力程度	教育财政投入供给匹配度	实际教育财政投入排名
京津冀	北京	1.03	过度*	1
	天津	1.03	过度*	4
	河北	1.00	适度	19
	区域均值	1.02	适度	3
长三角	上海	1.03	过度*	2
	江苏	0.99	适度	6
	浙江	1.02	适度	3
	安徽	0.99	适度	14
	区域均值	1.01	适度	2
粤港澳	广东	1.02	适度	5/1
东北三省	辽宁	0.99	适度	16
	吉林	1.03	过度*	8
	黑龙江	1.05	过度*	9
	区域均值	1.02	过度*	4
西南地区	重庆	0.98	适度	10
	四川	0.99	适度	17
	贵州	1.00	适度	22
	云南	1.02	适度	13
	西藏	1.03	过度*	7

(续表)

		教育财政投入努力程度	教育财政投入供给匹配度	实际教育财政投入排名
西南地区	广西	0.99	适度	23
	区域均值	1.00	适度	6
西北地区	陕西	0.98	适度	12
	甘肃	1.03	过度*	21
	青海	0.99	适度	20
	宁夏	0.97	不足#	24
	新疆	0.99	适度	18
	内蒙古	0.98	适度	11
	区域均值	0.99	适度	7
海南自贸港	海南	0.99	适度	15/5

三、初中教育

从七大区域间的比较来看,教育财政投入努力程度最高的是京津冀,为1.03,最低的是西南地区与西北地区,均为0.99。就供给匹配度而言,供给过度的区域包括京津冀和东北三省,其他区域均为供给适度。在实际教育财政投入排名方面,初中与小学的排序基本一致,前三名均为京津冀、长三角与粤港澳,第四名到第七名依次为东北三省、海南自贸港、西南地区与西北地区。

从区域内部来看,在京津冀,与学前、小学教育阶段的特征基本相同,北京与天津的初中教育财政投入供给过度,实际教育财政投入排名在24个省份中居于前列;与之相反,河北的初中教育财政投入供给适度,实际教育财政投入排名非常靠后,为第十八名。因此,在深入推进京津冀教育协同发展的过程中,要进一步增强北京、天津对河北的辐射带动作用。

第五章　六大区域教育财政投入努力程度及匹配度研究

在东北三省,辽宁的初中教育财政投入供给适度,实际教育财政投入排名居中,为第十三名;吉林与黑龙江的初中教育财政投入供给均为过度,但吉林的实际教育财政投入排名为第十名,而黑龙江为第十六名。

在长三角,三省一市的初中教育财政投入供给均为适度。在初中教育实际教育财政投入排名方面,上海、江苏与浙江的排名在第二名到第五名之间,这与其在学前、小学教育阶段的名次非常接近;与之形成鲜明对比的是,安徽的初中教育实际教育财政投入排名达到了第七名,分别比学前和小学教育阶段提升了6个和7个名次。

在粤港澳,广东无论在教育财政投入供给匹配度还是实际教育财政投入排名方面,初中教育与小学教育、学前教育均表现出较为一致的特征,即教育财政投入供给适度,实际教育财政投入排名在24个省份以及七大区域中均处于非常靠前的位次。

海南自贸港的初中教育财政投入供给匹配度为适度,初中教育实际教育财政投入排名在24个省份与七大区域中分别为第十四名和第五名,与其在小学教育阶段的情况基本相同。

在西南地区,与学前教育的供给匹配度相同,重庆的初中教育财政投入供给不足,其他省份的初中教育财政投入供给适度;在实际教育财政投入排名方面,初中教育与小学教育的特征比较类似,西藏与重庆在24个省份中的排名略靠前,其他省份的排名处于相对靠后的位置。

在西北地区,宁夏和内蒙古初中教育财政投入供给不足,甘肃为供给过度,其他省份为供给适度。同西南地区一样,西北地区各个省份的初中教育实际教育财政投入排名也与其小学教育较为一致,陕西在24个省份中排名居中,宁夏、甘肃与青海的排名非常靠后。这说明,虽然西部地区总体上是获得中央教育转移支付最多的区域,但西部地区内部不同省份间的教育财政压力并不完全一样,中央教育转移支付资金的分配应该将这种差异考虑在内,以提高转移支付资金的使用效益。

表 5-3　不同区域初中教育财政投入努力程度及供给匹配度

		教育财政投入努力程度	教育财政投入供给匹配度	实际教育财政投入排名
京津冀	北京	1.03	过度*	1
	天津	1.04	过度*	3
	河北	1.01	适度	18
	区域均值	1.03	过度*	3
长三角	上海	1.01	适度	2
	江苏	0.99	适度	5
	浙江	1.01	适度	4
	安徽	1.00	适度	7
	区域均值	1.00	适度	1
粤港澳	广东	1.01	适度	6/2
东北三省	辽宁	1.00	适度	13
	吉林	1.03	过度*	10
	黑龙江	1.04	过度*	16
	区域均值	1.02	过度*	4
西南地区	重庆	0.98	不足#	9
	四川	0.99	适度	17
	贵州	0.99	适度	22
	云南	1.00	适度	19
	西藏	1.02	适度	8
	广西	0.99	适度	24
	区域均值	0.99	适度	6
西北地区	陕西	0.99	适度	11
	甘肃	1.03	过度*	21
	青海	0.99	适度	20

(续表)

		教育财政投入 努力程度	教育财政投入 供给匹配度	实际教育财政 投入排名
西北地区	宁夏	0.97	不足♯	23
	新疆	1.00	适度	12
	内蒙古	0.97	不足♯	15
	区域均值	0.99	适度	7
海南自贸港	海南	1.00	适度	14/5

四、普通高中教育

表 5-4 呈现了不同区域普通高中教育财政投入努力程度及供给匹配度。总体而言,除了京津冀的普通高中教育财政投入供给过度以外,其他区域的教育财政投入供给均为适度。具体而言,京津冀区域中,北京和天津教育财政投入供给匹配度为过度,且实际教育财政投入排名位于前三;河北教育财政投入供给匹配度为适度,实际教育财政投入排名为第十位,处于中等位置。东北三省中,辽宁和吉林教育财政投入供给匹配度均为适度,不同的是,辽宁的实际教育财政投入排名第十三位,处于中等,而吉林则排名第二十位,处于末尾;虽然黑龙江教育财政投入供给匹配度为供给过度,不过其实际教育财政投入排名仅为第二十一位。

长三角区域中,上海教育财政投入供给过度,其他三省则为供给适度。不同的是,上海、江苏和浙江实际教育财政投入均较高,分别排第三、五和四位,而安徽则排第十四位。粤港澳和海南自贸港教育财政投入供给均适度,且实际教育财政投入排名处于中上水平。西南地区的重庆虽然实际教育财政投入并不低(排名第十一位),但却是该地区唯一一个教育财政投入供给不足的省市;而西藏实际教育财政投入排名在西南地区中最高,为第七位;其他五个省份虽然教育财政投入供给适度,但是其实际教育财政投入排名均靠后。西北地区中,虽然甘肃教育财政投入供给过度,但是其实际教育财政投入排名为最后一名,排名第二十四位;宁夏和内蒙古的教育财政投入供给均为不足,区别是宁夏实际教育财政投入排名非常靠后,位于第二十二位,而内蒙古则是第十二位,处于中等位置。

表5-4 不同区域普通高中教育财政投入努力程度及供给匹配度

		教育财政投入努力程度	教育财政投入供给匹配度	实际教育财政投入排名
京津冀	北京	1.03	过度*	1
	天津	1.04	过度*	3
	河北	1.02	适度	10
	区域均值	1.03	过度*	1
长三角	上海	1.02	过度*	2
	江苏	1.00	适度	5
	浙江	1.02	适度	4
	安徽	0.99	适度	14
	区域均值	1.01	适度	3
粤港澳	广东	1.00	适度	6/2
东北三省	辽宁	0.99	适度	13
	吉林	1.01	适度	20
	黑龙江	1.03	过度*	21
	区域均值	1.01	适度	7
西南地区	重庆	0.96	不足#	11
	四川	0.98	适度	19
	贵州	1.00	适度	18
	云南	1.01	适度	16
	西藏	1.03	过度*	7
	广西	1.00	适度	23
	区域均值	1.00	适度	5

(续表)

		教育财政投入 努力程度	教育财政投入 供给匹配度	实际教育财政 投入排名
西北地区	陕西	0.98	适度	9
	甘肃	1.03	过度*	24
	青海	1.00	适度	17
	宁夏	0.97	不足#	22
	新疆	0.99	适度	15
	内蒙古	0.97	不足#	12
	区域均值	0.99	适度	6
海南自贸港	海南	1.01	适度	8/4

五、中等职业教育

由表5-5可知,不同区域中等职业教育财政投入努力程度及供给匹配度存在差异。东北三省中等职业教育财政投入供给过度,而西南地区中等职业教育财政投入供给不足,其他区域则均为适度。在京津冀,虽然河北中等职业教育财政投入供给过度,不过其实际投入是三个省市中排名最低的,为第九位;北京和天津中等职业教育财政投入供给适度,且实际教育财政投入排名也较高。东北三省中,辽宁中等职业教育财政投入供给为适度,而吉林和黑龙江均为过度,三个省份的实际教育财政投入处于中等水平。

和普通高中教育财政投入一样,长三角区域中,上海教育财政投入供给过度,其他三省则为供给适度。不同的是,上海、江苏和浙江实际教育财政投入均较高,分别排第一、六和三位,而安徽则排第十三位。粤港澳和海南自贸港教育财政投入供给均适度,不过海南自贸港的实际教育财政投入排名较低,位于第十六位,而粤港澳排名靠前,位于第五位。

西南地区中,重庆和贵州中等职业教育财政投入供给不足,西藏的中等职业教育财政投入过度,其他省市均为适度,不过,除了西藏实际教育财政投入排名位于中上水平,其他省市的实际教育财政投入较低,尤其是贵州、云南和广西。西北地区中,甘肃中等职业教育财政投入供给过度,而陕西则供给不足,其他省市则为适度,其中甘肃和内蒙古的实际教育财政投入排名位于中等,排名第十二和第十位,其他省份均处于末尾,所以整体而言,西部地区中等职业教育财政投入在六大区域中处于最后一位。

表 5-5 不同区域中等职业教育财政投入努力程度及供给匹配度

		教育财政投入努力程度	教育财政投入供给匹配度	实际教育财政投入排名
京津冀	北京	1.03	适度	2
	天津	1.02	适度	4
	河北	1.04	过度*	9
	区域均值	1.03	适度	1
长三角	上海	1.05	过度*	1
	江苏	0.98	适度	6
	浙江	1.02	适度	3
	安徽	1.00	适度	13
	区域均值	1.01	适度	3
粤港澳	广东	1.01	适度	5/1
东北三省	辽宁	0.99	适度	14
	吉林	1.07	过度*	8
	黑龙江	1.05	过度*	11
	区域均值	1.04	过度*	4
西南地区	重庆	0.96	不足#	15
	四川	0.98	适度	18
	贵州	0.93	不足#	24
	云南	0.99	适度	20
	西藏	1.07	过度*	7

(续表)

		教育财政投入努力程度	教育财政投入供给匹配度	实际教育财政投入排名
西南地区	广西	0.99	适度	22
	区域均值	0.98	不足#	7
西北地区	陕西	0.96	不足#	17
	甘肃	1.05	过度*	12
	青海	0.97	适度	23
	宁夏	0.98	适度	19
	新疆	0.97	适度	21
	内蒙古	0.99	适度	10
	区域均值	0.99	适度	6
海南自贸港	海南	0.98	适度	16/5

六、高等教育

由表5-6可知,除了粤港澳高等教育财政投入供给过度外,其他六个区域的高等教育财政投入均供给适度。京津冀区域中,北京高等教育财政投入供给过度,而天津和河北高等教育财政投入供给适度;不过河北实际教育财政投入排名位于中等水平,北京和天津则排名靠前。

东北三省和长三角区域各个省市的高等教育财政投入均为供给适度。不同的是,吉林实际教育财政投入排名中等(第十二位),而辽宁和黑龙江排名靠后,分别为第二十二和第二十四位;而长三角区域中,除了安徽高等教育财政投入中等(第十五位),其他三个省份排名均靠前。

粤港澳高等教育财政投入供给过度,其实际教育财政投入排名也较高(第七位),海南自贸港高等教育财政投入供给适度,排名为第七位。西南地区中,重庆高等教育财政投入供给不足,而西藏高等教育财政投入供给过度,其他地区则为供给适度;除了西藏实际教育财政投入排名较为靠前(第八位),其他省市均处于末尾。西北地区中,甘肃高等教育财政投入供给过度;青海、宁夏和新疆高等教育财政投入供给适度;陕西和内蒙古高等教育财政投入供给不足。

表 5-6 不同区域高等教育财政投入努力程度及供给匹配度

		教育财政投入努力程度	教育财政投入供给匹配度	实际教育财政投入排名
京津冀	北京	1.04	过度*	1
	天津	0.99	适度	6
	河北	1.02	适度	10
	区域均值	1.02	适度	2
长三角	上海	1.02	适度	2
	江苏	0.99	适度	5
	浙江	1.01	适度	4
	安徽	0.99	适度	15
	区域均值	1.00	适度	3
粤港澳	广东	1.06	过度*	3/1
东北三省	辽宁	0.97	适度	22
	吉林	1.02	适度	12
	黑龙江	1.01	适度	24
	区域均值	1.00	适度	7
西南地区	重庆	0.96	不足#	19
	四川	0.98	适度	18
	贵州	1.01	适度	13
	云南	0.99	适度	21
	西藏	1.03	过度*	8
	广西	1.00	适度	23
	区域均值	0.99	适度	6

(续表)

		教育财政投入努力程度	教育财政投入供给匹配度	实际教育财政投入排名
西北地区	陕西	0.97	不足#	17
	甘肃	1.04	过度*	14
	青海	1.02	适度	9
	宁夏	1.00	适度	11
	新疆	0.98	适度	20
	内蒙古	0.97	不足#	16
	区域均值	1.00	适度	5
海南自贸港	海南	1.01	适度	7/4

第三节 本章小结

本章前两节利用2018年各个省份生均一般公共预算教育经费、人均GDP、转移支付等数据,通过构建OLS回归模型,以及教育财政投入努力程度、供给匹配度与实际教育财政投入排名等指标,详细分析了各个区域学前教育、小学教育、初中教育、普通高中教育、中等职业教育和高等教育的教育财政投入特征,本节将对上述内容进行概括总结,并提出相关政策建议。

京津冀的教育财政投入努力程度、实际教育财政投入排名均位居六大区域中非常靠前的位次,且北京与天津的表现明显优于河北,未来应当通过建立区域内优质教育资源共享、"对口支援"机制等方式,深入推进京津冀教育协同发展。京津冀各级各类教育财政投入努力程度的取值范围在1.02—1.05之间,实际教育财政投入排名均位于前三名,且学前教育、初中教育和普通高中教育财政投入供给过度。从区域内不同省市的比较来看,北京表现最好,天津次之,这两个市在教育财政投入努力程度、实际教育财政投入排名等方面均遥遥领先于河北。因此,为促进京津冀教育协同发展,一方面,应该积极探索建立京津冀优质教育资源共享机制,尤其是发挥北京和天津对河北的辐射带动作用。另一方面,北京、天津的部分教育财政投入供给过度,表明这两地的地方政府教育财政压力较轻,因此,可以考虑建立区域内的基础教育经费"对口支援"制度,从而缩小京津冀内部基础教育经费投入差距。

东北三省的职业教育实际教育财政投入排名中等,在各区域中位于第四。可见,东北三省对中等职业教育的投入并不薄弱,未来需要在提升质量上下工夫,为实现东北振兴的战略目标发挥更大的作用。此外,东北三省的高等教育财政投入供给适度,但实际教育财政投入在各区域中位于最后一名。这表明东北三省高等职业教育的财政投入可能相对偏少。本书第三章的分析结果发现,东北三省在高等教育整体规模方面优势明显。也就是说,东北三省的高等职业教育具备一定的发展基础,但目前面临教育财政投入不足等问题。因此,为更好地发挥东北老工业基地的区位优势,满足当地产业发展对职业技能人才的需求,振兴东北,应当进一步加强对东北三省职业教育尤其是高等职业教育的财政支持力度。

长三角各级各类教育财政投入供给适度,实际教育财政投入排名在各区域中均位居前三,但安徽的实际教育财政投入排名远远落后于上海、江苏与浙江,为实现长三角教育一体化发展,未来应该着重增加对安徽的教育经费投入。与京津冀类似,长三角同样面临区域内部教育财政投入不均衡问题。具体来说,长三角的上海、江苏与浙江的实际教育财政投入排名在24个省份中位居前列,在第二名到第六名之间;与之形成鲜明对比的是,安徽的实际教育财政投入排名在第七名到第十五名之间。从人口流动的角度来看,2016年,安徽流向外省的人口总和为927.71万人,其中,78.77%的人口流向了江苏、浙江和上海。① 换句话说,除安徽本省之外,江苏、浙江和上海也是安徽基础教育财政投入的受益方,且这三个

---

① 杨成凤,柏广言,韩会然.流动人口的城市定居意愿及影响因素:以安徽省为例[J].世界地理研究,2020,29(06):1136−1147.

第五章 六大区域教育财政投入努力程度及匹配度研究

地区的教育财政压力较轻。因此,要深入推进长三角教育一体化,上海、江苏与浙江可以分担一部分安徽的基础教育经费投入,从而增加安徽教育经费投入总量。

粤港澳的教育实际教育财政投入排名在各区域中均位居第二,且高等教育财政投入过度,所以粤港澳在扩大高等教育规模的同时,重点在于提升高等教育质量,以高层次人才助力粤港澳大湾区高质量发展。就高等教育而言,粤港澳的高等教育财政投入供给过度,实际教育财政投入排名在各区域中位居首位。这表明粤港澳地方政府的教育财政压力较轻,具备逐步扩大高等教育规模的能力。同时,根据前文的分析结果,粤港澳高等教育目前面临整体规模偏小、优质教育资源不足等问题。有鉴于此,为满足粤港澳大湾区高质量发展对高层次人才的需求,粤港澳应该借助自身在教育财政投入能力方面的优势,通过教育体制机制创新等途径,稳步扩大高等教育招生规模,提高优质高等教育资源占比。

海南自贸港的教育财政投入供给匹配度以适度为主,但实际教育财政投入排名相对靠后,为加快推进国际教育创新岛建设,应该增加对海南自贸港的教育财政投入。海南自贸港除学前教育财政投入供给过度以外,其他各级各类教育均为供给适度,但实际教育财政投入排名在各区域中位于第四名或第五名,说明海南自贸港的教育财政压力较大。前述研究结果表明,海南自贸港较低的教育发展水平可能对当地经济健康发展具有阻碍作用,而教育财政投入是教育发展水平的重要影响因素之一。因此,一方面,中央政府可以增加对海南自贸港的经费投入;另一方面,应建立发达地区与海南自贸港的"对口支援"机制,加大发达地区对海南自贸港的教育经费支持力度,这不但有利于增强海南教育与经济社会发展的相互促进作用,同时也是海南推进国际教育创新岛建设的一个重要突破口。

西部地区实际教育财政投入基本上处于各区域中的最后一名,且是唯一一个出现教育财政投入供给不足现象的区域,因此完善中央对西部地区教育转移支付政策是推进西部大开发战略中的关键环节。从各区域的实际教育财政投入排名来看,西南地区与西北地区包揽了最后两名,说明西部地区的教育财政能力总体上低于其他区域,理应获得中央政府的教育转移支付。从各省份或区域各级各类供给匹配度来看,教育财政投入供给不足的情形共计出现了 16 次,且全部在西部地区,表明教育转移支付可能在一定程度上降低了地方政府的努力程度。此外,西部地区内部不同省份之间的教育财政能力差距也非常明显,例如,广西的实际教育财政投入排名远远落后于陕西、内蒙古等地。但根据 2019 年印发的《教育领域中央与地方财政事权和支出责任划分改革方案》,在义务教育中央与地方财政分档负担比例部分,西部地区被统一被划定为第一档,因此,未来要缩小西部地区与其他区域以及西部地区内部的基础教育发展差距,一方面要切实提高中央政府教育转移支付资金的使用效益,防止中央教育财政投入对地方教育财政投入的"挤出效应";另一方面也要充分考虑西部地区内部不同省份的差异,进一步完善中央对西部地区教育财政转移支付政策。

第六章

六大区域教育发展战略思考

第六章　六大区域教育发展战略思考

党的二十大报告为我国制定教育领域的中长期发展规划提供了基本遵循和重要指导，也为区域教育发展战略提供了指导依据。推动区域教育高质量发展，重视教育在区域发展中的作用，有利于优化区域教育布局、增强教育发展活力、提高公共服务水平、增强人民群众的获得感，是深化教育领域综合改革、提升区域教育整体水平的重要举措，是实现教育现代化的重要途径。京津冀、长三角、海南自贸港、东北三省、粤港澳和西部地区等区域的教育发展程度各不相同，推进区域教育高质量发展的实践举措也各具特色，由此总结出的发展经验极具理论意义与推广价值。鉴于此，本章基于六大区域2013—2019年各级各类教育的基本情况，综合各区域教育与社会经济发展相关数据的分析结果，并结合各区域教育发展特征，围绕建设高质量教育发展体系，对有关区域的教育发展战略提出建议。

第一节　京津冀：深化教育协同发展合作

根据前述章节的研究结果，在京津冀地区各级各类教育与社会综合发展水平的协同性方面，北京市各学段的教育发展均处于六大区域领先水平，天津市处于靠前位置，河北省各级各类教育发展均较弱，北京市与河北省的社会发展得分等级差为17，天津市与河北省的社会发展得分等级差为11，京津冀区域内部的教育发展水平差异较大。在京津冀区域教育与社会发展的五项分指标中，天津市的教育与环境健康、医疗卫生多数处于不协同状态，河北省的教育与人口发展多数处于不协同状态，其他分指标虽整体呈现出协同发展状态，但与北京市高水平的高度协同状态不同的是，河北省多数协同处于低水平协同，京津冀区域的教育协同发展仍需进一步加强。

为进一步疏解北京市非首都核心功能，有序引导北京市的优质教育资源输出，健全京津冀教育协同发展的工作机制，加深京津冀三地在教育领域高水平、深层次、全方位的协作，加快河北省的教育高水平发展，京津冀区域需统筹协调、坚持改革创新,在优化提升教育功能布局、推动基础教育优质发展、加快职业教育融合发展、推动高等教育创新发展、创新教育协同发展体制机制等五大方面扎实落实好《京津冀教育协同发展"十三五"专项工作计划》。

基于京津冀地区2013—2019年各级各类教育基本情况,综合京津冀区域的教育与其社会、经济发展的相关数据分析结果,建议京津冀地区的区域教育发展战略可以参考借鉴日本东京湾区域"中心＋边陲"的大学集群发展模式,进一步高质量开展京津冀区域教育协同发展与合作。

一、优化提升教育功能布局

京津冀要进一步优化教育资源布局,提升公共教育服务、产业人才支撑服务与科技创新服务水平。首先,通过优化提升首都教育功能、高水平配置北京城市副中心教育资源、全力支持雄安新区建设、完善津冀教育承接平台等措施,保障京津冀区域教育合作得到实质性推进。其次,全面增强河北省和天津市的教育资源承载能力,遵循先易后难、先局部后整体的路径,逐步扩展教育资源的协同范围。最后,优化河北省教育资源的布局和资源配置。通过引入京津地区优质教育资源,加快高水平学校建设,带动提升区域整体教育品质,逐步改善河北省生源众多、缺少优质教育资源的局面。

二、创新教育协同发展机制

健全的体制机制是京津冀教育协同发展的根本保障。因此,要建立健全京津冀地区教育行政主管部门联席会议制度、督导合作机制、高等教育及职业教育计划联合会商制度等机制和制度,完善教育协同支持配套政策。结合京津冀区域教育发展的自身需求,促进京津冀教育资源的整体布局和均衡发展。通过搭建协同管理机制、健全组织实施机制、完善配套政策保障等措施,高起点、高标准建设京津冀教育共同体,破除京津冀教育协同发展的障碍,逐步形成京津冀区域政府、学校和社会多中心、多层次、多形式的教育协同发展网络,全面促进教育产学研深度融合的技术创新、京津冀协同创新、军民融合创新,并逐步融入全球创新体系,形成全球教育与区域高质量协同发展的城市群样本。

三、推动基础教育优质发展

以河北省主动发展为基础,将北京市和天津市的优质教育资源有序引入河北省,促进京津两地带动河北省发展。第一,鼓励优质中小学以教育集团、结对帮扶、委托管理、开办分校等方式,开展跨区域合作办学,促进京津冀基础教育优质均衡发展。第二,通过优化和委派教学管理团队,培养培训干部教师等方式加强中小学优质管理,采取联合招聘、教师互派、跟岗培训等途径提升教师能力素养。第三,以数字学校、社会实践基地、校外活动基地和体育运动设施等为载体,提升京津冀区域优质教学和学习资源的共建、共享水平。

四、加快职业教育融合发展

通过京津冀职业学校联合办学、职业教育集团等方式,加快职业学校建设和服务能力的升级;以需求为导向,通过建设职业院校、职教园区与产业聚集区联盟,构建京津冀职业教育人才联合培养合作等方式,全面提升京津冀区域职业教育人才培养水平;通过联合打造优质的职业教育数字化资源共享平台,共同举办各类型职业技能比赛,提高京津冀区域职业教育融合程度。

五、推动高等教育创新发展

京津冀区域在高等教育方面可以参考东京湾区"中心+边陲"的大学集群发展模式,借鉴筑波科学城模式,在雄安新区兴建新的大学联盟;建设京津冀高校联盟,联盟内资源高度互通共享,包括学科优势互补、培养方案课程互通、师生相互交流访学、各类实践实训基地共享、协同攻关创新和成果应用等;加强毕业生就业信息的平台共享和就业创业政策互通,引导和鼓励京津高校毕业生到河北省就业创业,促进京津冀高等教育协同发展。

第二节　长三角：以教育高质量一体化加快推进教育现代化

依据对长三角地区各级各类教育与社会综合发展水平的协同性分析，上海市、江苏省、浙江省各级教育多与社会发展水平呈现高度协同或完全协同状态，安徽省各级教育在长三角地区则均处于中低水平。长三角区域教育与社会发展的五项分指标中，上海市、江苏省、安徽省的医疗卫生相对于教育发展落后较多，安徽省环境健康、文化健康和人口发展等社会发展分指标，与教育发展的指标协同度也偏低。可见，长三角地区要实现教育一体化发展，仍需要以提升安徽省的教育发展水平为重点。

长三角一体化发展涵盖上海、江苏、浙江、安徽一市三省，占全国1/26的地域面积，创造了全国近1/4的经济总量。作为我国创新能力最强的区域之一，长三角区域经济一体化长期以来决定着我国教育一体化的发展方向，并承担着为全国其他区域教育一体化发展提供示范的重要角色。未来，长三角区域需准确把握"一极三区一高地"战略定位，率先积极探索管理体制、办学体制、人才培养模式改革及区域教育一体化的建设，构建具有长三角区域特点的世界水平区域教育体系和亚太地区教育高质量一体化发展高地。

基于长三角地区的研究结果，建议长三角地区的区域教育发展战略可参考美国纽约湾、旧金山湾区大学的经验，依托经济优势，发挥大学集群的"集聚－溢出"效应，打造共享型教育高地。

一、紧扣两个关键和两个纲要

长三角教育一体化发展的重点在于紧扣"一体化"和"高质量"两个关键，切实落实《长江经济带发展规划纲要》和《长江三角洲区域一体化发展规划纲要》两个规划纲要。首先，要围绕长三角区域覆盖的各省市在发展过程中的发展定位,以两个纲要为指导,进一步明确长三角一体化发展的任务书、时间表和路线图。其次,相比世界其他知名湾区,上海市在长三角城市群中的作用,可对标纽约之于美国东北部大西洋沿岸城市群,是长三角区域的核心龙头城市,其发展水平和质量决定了城市群的整体竞争力和影响力。因此,上海市需要疏解部分非核心功能,在经济结构调整和教育改革转型的同时,进一步提升其城市能级和核心竞争力。最后,长三角区域三省一市各有优势,整体发展基础较好,未来要突破行政区划限制,加强优势互补、功能联动,整体提升长三角城市群等级。上海市充分利用高新技术企业以及高层次第三产业,江苏省充分利用加工制造业,浙江省充分利用民营经济,安徽省利用地理优势和后发优势,促进经济要素便捷流动,加快各地分工互补,建设具有全国影响力的长三角产业协同发展示范区。

二、明确两条路径

长三角教育一体化发展要明确"分区域"和"分领域"两条推进路径,推进"示范区"和"新片区"高质量教育发展,引领带动其他区域。第一,通过新片区拓展功能、示范区先行探索等方式规划整体布局,以点带面,依次推进一体化建设。要在长三角中心区率先复制先进经验,全域推进一体化战略。第二,可以借鉴纽约湾区和旧金山湾区的做法,充分利用区域经济优势,发挥湾区大学集群的"集聚—溢出"效应,湾区内大学优势互补,开展合作办学。第三,在"长三角教育综合改革试验区"基础上,与教育部共建教育现代化试验区,通过省(市)部共建的方式推动教育现代化建设。第四,以"双一流"大学建设为契机,在长三角区域内实现大学集群、产业集群与区域经济三者间的相互促进、相互影响,从而构建"大学—工业—政府"合作体系,形成"知识链—创新链—产业链"的有效途径,实现知识的聚类与辐射,提高产业创新能力,最终实现经济的蓬勃发展。

三、探索两个创新

创新是驱动发展的第一动力,而人是核心要素,因此,要探索长三角一体化背景下的人才培养机制,打造长三角教育区域一体化的"人才"核心。实现这一核心要素,首先要创新教育制度。通过开展长三角统一的教育现代化监测评估,调整优化高校区域布局,推进产学研协同创新,同世界一流高校开展高水平合作办学等路径,提高长三角教育质量。其次,要积极建设长三角教育创新城市圈。长三角区域高校为长三角地区的人才发展奠定了坚实基础。未来长三角地区要积极建设教育创新城市圈,加快产业及教育的数字化、智能化转型,提高国际竞争力。为此,长三角要进一步集聚创新要素,通过资本、技术、标准、人才等广义要素,加强要素合作优化教育领域配置和运行发展方式,打造区域教育创新城市圈,推进长三角区域教育一体化高质量发展,形成区域内人才集群。

第三节　海南自贸港:建设国际化教育示范区

依据对海南自贸港各级各类教育与社会综合发展水平的协同性分析,海南自贸港各级教育与社会综合发展的协同性差异较大,学前教育、初中教育和职业教育大致处于完全协同或一般协同状态,小学教育、高中教育和高等教育则滞后于海南自贸港的社会综合发展。在区域教育与社会发展的五项分指标中,公共服务、环境健康和文化健康三个维度与其他区域仍有较大差距,对于海南省国际化教育示范区的建设有一定负面影响。

海南自贸港作为我国对外开放的重要支点,在"一带一路"倡议中占据重要地位,更承担着"三区一中心"的重要战略定位,推动海南国际教育创新岛的建设,对于我国全面扩大教育开放和提升教育国际化水平具有重要影响。深化教育对外开放、推进科教产协同发展、提升教育惠民水平、创新教育服务业态、增加教育制度供给均为海南省深化教育改革的重要内容。

基于海南省2013—2019年各级各类教育基本情况及其与社会、经济发展的协同程度,建议海南自贸港的教育发展战略可以借鉴新加坡和马来西亚的国际教育枢纽发展模式,加快海南国际教育示范区的建设。

一、建设有海南特色的高质量教育体系

第一,在海南省教育事业发展主要预期指标建设方面,重点关注劳动年龄人口平均受教育年限。2021年6月21日海南省发布的《海南省"十四五"公共服务发展规划》强调到2025年,劳动年龄人口平均受教育年限达到11.5年。第二,完善海南特色职业教育体系,推动海南省职业学校的专业设置与海南自贸港建设重点发展的旅游业、现代服务业和高新技术产业相结合,进一步整合资源、融会贯通、特色发展。第三,创新海南省教育的体制机制,构建学前教育服务网络,推进义务教育均衡发展、普通高中教育特色化发展、高等教育协同发展,建立更加开放的终身教育体系。提高海南教育的信息化水平,解决好教育均衡、优质资源配备、教学管理等领域的问题,推动海南自贸港的教育现代化取得重要进展。

二、创新国际化课程理念

深入研究课程国际化的相关体系,针对教材选择、教学模式、教师培训等制定相关制度,提出适合海南省情的适配模式。首先,在课程理念方面,成立教学指导委员会,在国际学校的备课教学、授课模式、教师培训等环节加强指导。其次,在教学内容与方式方面,要纳入教育国际化的内容,开展跨国专题研究与分析,注重国外先进文化与科研成果的传授,倡导学生参与海外进修。最后,在教育生态方面,定期由学校、各级教育行政部门举办与课程国际化、双语教学相关的课题研讨会、公开演示课等活动,充分调动教师积极性,营造国际化的学习氛围,为国际化教育的进一步发展奠定基础。

三、开展有海南特色的国际化教育项目

海南自贸港可以借鉴新加坡和马来西亚的国际教育枢纽发展模式,吸引世界著名大学到海南省开设分校,开辟国际学生签证绿色通道。紧紧围绕教育国际化这一目标,开展多种国际化项目活动,提高国际化程

度,开展好校长、好教师国际教育素养研修示范性项目、外籍高层次人才引进计划等。同时,要进一步贯彻实施允许境外理工农医类高水平大学、职业学院独立办学,设立国际学校,推动国内重点高校引进国外知名院校,举办具有独立法人资格的中外合作办学机构等举措,通过中外合作办学、独立办学等多种形式,提高海南自贸港的教育国际化水平。与此同时,海南省各级政府要在经费投入、政策配套、制度建设方面进行积极探索和支持,做好国际化教育示范区建设的保障工作。

四、打造国际化师资队伍

建设国际化教育示范区的关键在于加强师资队伍建设国际化的顶层设计工作,科学规划,合理布局,打造一支具有国际视野、国际意识、国际交往能力的教师团队。一方面,通过"请进来"的方式,汇集全球高水平人才,提升教师国际化素养,优化师资队伍结构;继续开展"一校一外教"国际化人才引进工程试点工作等项目,充分发掘和利用各国教育的先进经验和优质资源,推进师资队伍和教师素质的国际化。另一方面,通过"送出去"的方式,依托国家、省、市各类人才项目,突出重点、分层推进,使师资队伍的国际化建设与优势学科建设相关联,与国际化培养要求相衔接,有步骤、分层次地培养一批具有国际化视野的高层次人才。

五、加强国际交流与合作

海南自贸港需注重发展国际教育服务贸易,以提升国际化教育程度。一方面,通过增设各种精品课程和双语教学吸引留学生,扩大留学生来海南省自贸港的留学规模,加强海南自贸港学校学生与国际知名学校学生的交流互动。另一方面,重视本土学生的海外交流学习,提供学生出国交流学习的机会和渠道。在推进高校学生国际化的同时重视本土化培养,通过国家间的教育资源互补,将本省教育特色与各国教育优势相结合,提高学生的国际素养。

第四节　东北三省:加快构建现代化职业教育体系

东北三省各级各类教育与社会综合发展水平的协同性整体得分等级在六大区域中处于中上位置,其中吉林省和黑龙江省整体得分相对偏低;辽宁省虽得分等级相对较高,但其教育发展却相对落后于经济社会发展;吉林省和黑龙江省的教育发展则略微领先于社会发展。此外,吉林省公共服务、医疗卫生等教育与社会发展分指标中,各级各类教育发展不协同或非常不协同;黑龙江省的环境健康指标仅与高中教育高度协同。多项分指标的教育与社会综合发展水平不协同,和由此导致的公共服务滞后与人才外流,是东北三省教育发展的主要障碍之一。

东北地区是我国重要的老工业基地和粮食主产区,是新中国工业的摇篮。由于历史、地理和南北发展差距等原因,东北三省的体制性、结构性矛盾日益显现,振兴发展面临诸多困境。东北地区老工业基地振兴战略是党中央、国务院 21 世纪的重大决策,是国家推动制造强国战略的重要内容。促进科教机构与区域发展紧密结合,建设一批高水平应用技术型大学,特别是大力推进现代职业教育改革创新,是实现东北地区全面振兴发展的重要途径。建议东北三省的区域教育发展战略可对标德国双元制职业教育发展体系,加快有东北特色的现代化职业教育体系建设,逐步形成"企业－学校－政府"三方联动的职业教育体系。

一、出台校企合作政策法规

首先,借鉴发达地区的先进经验,加快制定东北三省职业教育校企合作的地方性法规,明确组织与实施的责任主体,完善扶持的方式、方法,建立校企合作的指导条例,健全有关部门的考核评价体系。其次,在合作形式上注重地区经济发展特点与人才培养需要,合理制定校企合作规划,支持企业参与校企合作。可以将企业开展校企合作情况等内容纳入企业社会责任报告。与此同时,教育与人力资源保障部门应建立产教融合信息服务平台,金融机构的相关信贷与融资支持可向校企合作单位倾斜,学校向社会和企业聘用专业技术人员担任兼职教师。最后,鼓励各类企业举办高质量职业教育,扩大应用型、复合型、技能型人才培养规模,造就一支"大国工匠"队伍。借鉴德国职业教育"双元制"的做法,鼓励企业与学校联合创办职业学院和相关专业,共同确定培养计划,共同开展"订单式"教育教学,由企业提供未来岗位数量,学生毕业即就业。

二、完善经费投入长效保障

东北三省要进一步健全和落实职业教育的生均拨款制度。第一,东北三省的财政、教育行政主管等部门要加快完善公办中等职业学校生均经费制度,明确财政安排的生均公用经费最低标准,并作为教育督导工作的重要内容。第二,东北三省财政和教育行政主管部门要加大监督检查力度,认真落实教育费附加用于职业教育的比例不低于30%的规定,并将落实情况列入绩效评定和奖惩机制。第三,东北三省财政部门要根据各地市的生均拨款制度、经费落实程度、校企合作情况等,综合考核并确定奖补。

三、加大"双师型"教师队伍培养力度

加强"双师型"教师队伍建设是提高东北三省职业教育质量的重要途径。目前,职业教育快速发展,需要大量的"双师型"教师,这也是高质量职业教育体系建设的客观要求。在新发展阶段,"双师型"教师已经成为职业教育教师队伍建设的重点,要发挥好企业在培养"双师型"教师中的作用,为培养技能型人才奠定基础,进而为东北地区实现老工业基地振兴战略提供优质人力资源。

四、提高服务地方产业能力

东北地区经济社会发展和振兴,离不开高水平的人才支撑。东北三省要根据"中国制造 2025"等国家战略的需求,制定区域职业教育专业布局指导性意见,用于指导地方各级政府制定职业教育发展规划。各级教育行政部门则要依据相关工作指导意见,锚定发展目标,引导职业学校专业建设、人才培养与劳动力市场需求有效衔接。通过对接现代服务业发展需求,提高在体育、旅游、医疗和养老等方面专业人才培养的比例,通过订单式人才培养、学徒制合作等工学结合的模式,实现错位发展,避免重复建设和同质化倾向,使每一所职业院校都能办好与当地经济社会发展相适应的优势专业。

第五节　粤港澳:以高等教育助推大湾区高质量发展

广东省各级各类教育与社会综合发展水平的协同性方面,各学段表现差异较大,小学教育得分等级及其与社会综合发展的协同性最弱,与社会综合发展呈现出不协同的表现,并落后于社会发展。其他各级教育的得分等级多数处于中等水平上下;初中教育的协同性表现为完全协同;高等教育得分等级最高,但与社会发展呈现一般协同状态。

粤港澳大湾区是我国开放程度最高、经济活力最强的区域之一,也是"一带一路"倡议的重要支点,在国家发展大局中具有重要战略地位。作为国家深化高等教育体制机制改革的试验区,建成世界领先水平的高等教育体系和国际教育示范区是粤港澳区域的重要规划,吸引并加速人才、资本、信息、技术等创新要素的融合,是推动湾区产业升级的动力源泉。建议粤港澳地区的区域教育发展战略,可以参考纽约湾区、旧金山湾区共享型教育高地的"集聚－溢出"模式经验,注重以高等教育发展推动大湾区教育的高质量发展。其中,广东省可充分利用毗邻港澳的优势,借助港澳高度国际化的优质教育资源,加强与港澳和国外大学的教育合作,促进高等教育内涵式发展,为助推大湾区教育的高质量发展提供保障。

一、深化大湾区高等教育深度合作

借鉴纽约湾区、旧金山湾区共享型教育高地建设的经验,将粤港澳大湾区高等教育作为世界区域性高等教育中心的试验田予以重点建设。一方面,要完善顶层设计,建立大湾区三地高等教育集群发展协调联动机制;另一方面,根据创新型国家发展战略和粤港澳经济发展的实际需求,大湾区内各高校立足自身特色,在教学培养、科研合作、人才队伍建设等方面进一步搭建全方位合作平台,促进粤港澳区域高校的交流合作与资源共享。具体来说,要制定有利于粤港澳三地协同创新发展的机制,如合作办学、协同创新与成果转化、人事户籍与移民等方面的政策;要按照现代大学管理制度,三地高校在课程学分互认、交换生实施安排、科研成果分享转化等方面加强交流合作,建立起师生有序合理流动、课程与资源互利共享的机制;要鼓励与支持境内外社会资本与世界一流大学的优质教育资源联合,在大湾区新建世界一流的研究型大学或大学校区;要以学科群建设为中心,基于大湾区发展先进制造业、战略性新兴产业、现代服务业和现代海洋产业的需求,强化三地优势学科、特色学科和交叉学科建设,带动粤港澳大湾区高等教育的内涵建设,探索符合当地发展的跨学科教育和跨学科研究新模式。①

二、推动大湾区创新资源平台建设

第一,要联合内地与香港、澳门科技合作委员会,积极吸引与对接全球创新资源,建立更加开放的区域创新体系。第二,要遵循科技创新规律,建立以企业为主体、市场为导向、产学研深度融合的多层级科技创新体系;同时要向港澳地区有序开放国家在广东建设布局的重大科研基础设施和大型科研仪器,支持港澳有关机构积极参与国家科技计划(专项、基金等)。第三,实施粤港澳科技创新合作发展计划和粤港澳联合创新资

---

① 姚伟.粤港澳大湾区高等教育定位研究:基于生态位视角[D].广州:华南理工大学.

助计划,支持设立粤港澳产学研创新联盟;通过"广州—深圳—香港—澳门"科技创新走廊,探索优秀人才区域融通的政策举措,共建粤港澳大湾区国际化创新平台。

三、打造粤港澳大湾区共性文化纽带

借鉴欧盟构建欧洲文化认同、促进欧盟高等教育一体化进程的做法,创立和办好粤港澳大湾区高等教育集群发展论坛,充分挖掘文化对粤港澳高等教育集群发展的驱动作用,为粤港澳大湾区建设提供智力支持。高校智库是中国特色新型智库建设的重要组成部分,在思想生产、学术支撑与人才队伍建设方面优势明显,大湾区重点高校要联合建设粤港澳高校智库,积极探索粤港澳大湾区智库合作共建新机制,把粤港澳大湾区打造成全世界科技文化创新发展的前沿高地。

第六节 西部地区:加强基础教育优质均衡发展

西部地区幅员辽阔,但教育发展的整体水平与东部发达地区仍存在较大差距。从西南地区来看,小学教育与社会综合发展表现为不协同,其他各级教育表现为一般协同。重庆市、四川省和贵州省各级各类教育的发展多数落后于社会综合发展;云南省和广西自治区的教育发展与社会综合发展较为协同,但是属于低质量协同;西藏自治区的社会综合发展等级虽然较低,但教育发展程度相对较高,主要是由于国家各项支持政策的推动。从西北地区来看,整体上高等教育与社会综合发展不协同,其他各级教育发展与社会综合发展均为一般协同;陕西省和内蒙古自治区的协同性表现较高,而宁夏自治区和新疆自治区各级教育发展水平均落后于其社会综合发展水平。

为进一步满足人民群众接受良好教育的需求,西部地区仍应将基础教育的改革和发展,特别是将缩小与东部发达地区的差距作为发展重点。

实施中西部教育振兴发展计划，进一步巩固拓展教育脱贫攻坚成果，有效衔接乡村振兴战略，需关注四方面的重点任务，即建立健全巩固拓展义务教育有保障成果长效机制、建立健全农村家庭经济困难学生教育帮扶机制、做好巩固拓展教育脱贫攻坚成果同乡村振兴有效衔接的重点工作、延续完善巩固拓展脱贫攻坚成果与乡村振兴有效衔接的对口帮扶工作机制。与此同时，建议西部地区的教育发展战略可以借鉴芬兰的教育思想，不断促进其基础教育优质均衡发展。

一、保证西部地区基础教育的财政投入

基于西部地区经济欠发达导致基础教育经费投入有限的问题，建议进一步加大西部地区教育财政的转移支付力度，夯实各级地方政府对教育财政持续投入的经济基础，优化教育财力配置格局和平衡性，确保西部地区基础教育的财政投入持续稳定。

二、发展有西部特色的基础教育

西部地区在学习借鉴芬兰基础教育经验的基础上，要结合区域特点，充分运用西部得天独厚的自然环境，为西部学生提供生产技能、职业发展的帮助，办出自身基础教育的特色，完善以学生自我发展为核心的测评标准，建设五育并举的学生综合评价体系；指导学生立足本地生活生产实际，掌握适应未来社会的知识和技能；重视学生非认知能力的培养和个性发展，通过做中学、自主学习、个性化学习等方式，培养能够自立于社会并面向未来的有用之才。

三、切实增强西部地区对优秀教师的吸引力

教师是教育发展的第一资源，是影响教育质量的关键因素，西部地区与其他地区教育质量不平衡源于不同区域之间师资水平的差异。因此，一要实施中西部欠发达地区优秀教师定向培养计划，定向培养优秀师资；二要提高西部地区教师收入水平和社会地位，以增强西部地区对优秀教

师的吸引力;三要加强西部地区的教师流动,通过制定在待遇和职称等方面向基层落后地区教师倾斜的规定和办法,鼓励优秀教师到西部地区的基层和落后地区去参加工作,以缩小西部地区县市之间、城乡之间、学校之间师资条件的差距。与此同时,西部地区要加强东西协作及与东中部地区优秀中小学校长和优秀教师的交流沟通,共建共享教学资源,提高本地区教师素质,助力西部地区基础教育的高质量发展。

四、加强西部地区寄宿制学校建设

随着城镇化的逐步推进,西部地区寄宿制学校规模不断增大。办好寄宿制学校成为西部地区实施乡村振兴战略、提高基础教育办学质量的重要抓手。首先,要进一步强化各级政府责任,重点开展标准化寄宿制学校的建设,持续加大教育经费投入,保障和加大公用经费以及相关配套资金的投入。其次,要进一步加大对寄宿制学校学生,尤其是农村学生的资助力度,实行伙食、校服、交通补助制度,进一步完善贫困学生资助体系。[1] 最后,可以依靠信息化手段提供留守儿童寄宿学生综合干预解决方案,充分利用学校课余时间,改善农村寄宿制学校的校园文化,促进寄宿留守儿童心理健康成长,增加西部地区弱势学生群体享受优质教育的机会。

五、进一步健全和完善西部地区基础教育均衡化发展的动态监测

目前,西部地区基础教育均衡化发展指标多为基础性指标,而发展均衡性指标较少,因此,建议除基础教育均衡化发展监督体系相关的入学率和辍学率等现行基础性指标外,增加用于监控基础教育均衡化发展的专门性指标,进一步健全和完善动态监测。例如,完善政府对本区域基础教育均衡化发展职责完成情况的长期监督指标,如经费分拨、学校管理、教学质量评定等。[2]

---

[1] 白亮,张璇.西部"巨型寄宿制学校"下的阴影[N].中国教育报,2013-09-26.
[2] 王光秀,李亚惠.西部地区基础教育均衡化发展探析[J].桂林师范高等专科学校学报,2017,31(01):139-143.

附 录

附录1 各省(直辖市/自治区)教育与社会综合发展水平的协同性①

	省份	学前教育	小学教育	初中教育	普通高中	中职	高等教育
京津冀	北京	完全协同	完全协同	高度协同	完全协同	完全协同	完全协同
	天津	高度协同	高度协同	高度协同	一般协同	高度协同	一般协同
	河北	高度协同	一般协同	一般协同	高度协同	高度协同	一般协同
东北三省	辽宁	高度协同	一般协同	高度协同	不协同#	一般协同	高度协同
	吉林	一般协同	不协同*	不协同*	不协同#	非常不协同*	高度协同
	黑龙江	非常不协同*	非常不协同*	一般协同	一般协同	不协同#	不协同*
长三角	上海	完全协同	高度协同	高度协同	完全协同	完全协同	高度协同
	江苏	完全协同	不协同#	高度协同	高度协同	高度协同	高度协同
	浙江	高度协同	高度协同	完全协同	一般协同	一般协同	高度协同
	安徽	高度协同	高度协同	完全协同	高度协同	高度协同	非常不协同*
粤港澳	广东	一般协同	不协同#	一般协同	高度协同	高度协同	一般协同
海南自贸港	海南	完全协同	不协同#	一般协同	不协同*	一般协同	不协同#

① *表示教育超前社会与经济发展,教育与社会综合发展水平级差为一;#表示教育滞后社会与经济发展,教育与社会综合发展水平等级差为一。下同。

（续表）

省份		学前教育	小学教育	初中教育	普通高中	中职	高等教育
西南地区	重庆	一般协同	高度协同	非常不协同#	不协同#	一般协同	高度协同
	四川	不协同#	一般协同	一般协同	高度协同	一般协同	不协同*
	贵州	高度协同	一般协同	高度协同	一般协同	高度协同	高度协同
	云南	高度协同	高度协同	高度协同	高度协同	高度协同	高度协同
	西藏	非常不协同*	非常不协同*	不协同*	非常不协同*	非常不协同*	不协同*
	广西	完全协同	高度协同	完全协同	完全协同	高度协同	高度协同
西北地区	陕西	完全协同	一般协同	一般协同	一般协同	不协同#	一般协同
	甘肃	高度协同	不协同*	一般协同	一般协同	非常不协同*	高度协同
	青海	高度协同	一般协同	高度协同	不协同#	不协同#	高度协同
	宁夏	一般协同	高度协同	高度协同	高度协同	一般协同	非常不协同#
	新疆	非常不协同*	非常不协同*	一般协同	高度协同	不协同#	非常不协同#
	内蒙古	高度协同	高度协同	高度协同	高度协同	高度协同	非常不协同#

附录

附录2 各省（直辖市/自治区）教育与经济发展水平的协同性

	省份	学前教育	小学教育	初中教育	普通高中	中职	高等教育
京津冀	北京	完全协同	完全协同	高度协同	完全协同	完全协同	完全协同
	天津	高度协同	高度协同	完全协同	高度协同	高度协同	一般协同
	河北	高度协同	一般协同	一般协同	高度协同	完全协同	一般协同
东北三省	辽宁	高度协同	完全协同	不协同*	高度协同	高度协同	一般协同
	吉林	不协同*	非常不协同*	不协同*	一般协同	非常不协同*	一般协同
	黑龙江	非常不协同*	非常不协同*	不协同*	高度协同	不协同*	非常不协同*
长三角	上海	完全协同	高度协同	高度协同	完全协同	完全协同	高度协同
	江苏	高度协同	不协同#	完全协同	高度协同	完全协同	高度协同
	浙江	高度协同	高度协同	完全协同	高度协同	一般协同	完全协同
	安徽	高度协同	高度协同	一般协同	一般协同	高度协同	非常不协同*
粤港澳	广东	不协同#	非常不协同#	高度协同	高度协同	不协同#	完全协同
海南自贸港	海南	不协同#	非常不协同#	非常不协同#	完全协同	非常不协同#	非常不协同#
西南地区	重庆	高度协同	不协同*	一般协同	高度协同	一般协同	一般协同
	四川	不协同#	高度协同	高度协同	高度协同	高度协同	不协同*
	贵州	一般协同	高度协同	高度协同	高度协同	高度协同	完全协同
	云南	高度协同	一般协同	高度协同	高度协同	高度协同	高度协同

(续表)

	省份	学前教育	小学教育	初中教育	普通高中	中职	高等教育
西北地区	西藏	高度协同	不协同*	一般协同	高度协同	高度协同	非常不协同#
	广西	高度协同	完全协同	高度协同	高度协同	完全协同	不协同*
	陕西	一般协同	完全协同	一般协同	一般协同	高度协同	一般协同
	甘肃	一般协同	非常不协同#	不协同*	不协同*	非常不协同#	不协同*
	青海	高度协同	高度协同	高度协同	高度协同	完全协同	一般协同
	宁夏	高度协同	一般协同	完全协同	高度协同	非常不协同#	一般协同
	新疆	非常不协同#	不协同*	一般协同	高度协同	完全协同	非常不协同#
	内蒙古	不协同*	一般协同	高度协同	高度协同	高度协同	非常不协同#

附录 3　各省（直辖市/自治区）教育与公共服务的协同性

	省份	学前教育	小学教育	初中教育	普通高中	中职	高等教育
京津冀	北京	完全协同	完全协同	高度协同	完全协同	完全协同	完全协同
	天津	高度协同	高度协同	完全协同	高度协同	高度协同	一般协同
	河北	完全协同	高度协同	完全协同	完全协同	高度协同	不协同*
东北三省	辽宁	完全协同	非常不协同*	一般协同	一般协同	高度协同	高度协同
	吉林	不协同*	高度协同	不协同*	非常不协同#	非常不协同#	一般协同
	黑龙江	高度协同	高度协同	高度协同	完全协同	完全协同	高度协同

（续表）

	省份	学前教育	小学教育	初中教育	普通高中	中职	高等教育
长三角	上海	高度协同	高度协同	高度协同	高度协同	高度协同	高度协同
	江苏	高度协同	一般协同	高度协同	高度协同	高度协同	一般协同
	浙江	高度协同	高度协同	完全协同	高度协同	一般协同	高度协同
	安徽	完全协同	高度协同	一般协同	不协同*	不协同*	非常不协同*
粤港澳	广东	非常不协同#	非常不协同#	不协同#	一般协同	非常不协同#	高度协同
海南自贸港	海南	一般协同	一般协同	非常不协同#	非常不协同#	非常不协同#	非常不协同#
西南地区	重庆	非常不协同#	非常不协同#	不协同#	高度协同	不协同#	不协同#
	四川	非常不协同#	一般协同	一般协同	高度协同	一般协同	一般协同
	贵州	不协同*	完全协同	高度协同	完全协同	高度协同	高度协同
	云南	完全协同	非常不协同*	不协同*	非常不协同*	不协同*	高度协同
	西藏	非常不协同*	非常不协同*	一般协同	一般协同	一般协同	高度协同
	广西	一般协同	高度协同	非常不协同*	非常不协同*	非常不协同*	非常不协同*
西北地区	陕西	非常不协同*	高度协同	高度协同	完全协同	一般协同	完全协同
	甘肃	一般协同	完全协同	高度协同	高度协同	非常不协同#	一般协同
	青海	高度协同	一般协同	高度协同	高度协同	一般协同	一般协同
	宁夏	高度协同	一般协同	完全协同	高度协同	完全协同	一般协同

（续表）

	省份	学前教育	小学教育	初中教育	普通高中	中职	高等教育
长三角	新疆	一般协同	完全协同	一般协同	一般协同	高度协同	不协同#
	内蒙古	非常不协同*	不协同*	一般协同	一般协同	一般协同	不协同#

附录 4 各省（直辖市/自治区）教育与环境健康的协同性

	省份	学前教育	小学教育	初中教育	普通高中	中职	高等教育
京津冀	北京	完全协同	完全协同	高度协同	完全协同	完全协同	完全协同
	天津	不协同*	一般协同	不协同*	非常不协同*	非常不协同*	高度协同
	河北	高度协同	高度协同	一般协同	高度协同	高度协同	一般协同
东北三省	辽宁	高度协同	完全协同	不协同*	高度协同	高度协同	不协同*
	吉林	非常不协同*	非常不协同*	非常不协同*	非常不协同*	非常不协同*	非常不协同*
	黑龙江	非常不协同*	非常不协同*	不协同*	高度协同	一般协同	一般协同
长三角	上海	一般协同	不协同*	不协同*	完全协同	完全协同	完全协同
	江苏	高度协同	高度协同	完全协同	高度协同	高度协同	完全协同
	浙江	完全协同	非常不协同*	高度协同	不协同#	不协同#	高度协同
	安徽	非常不协同#	非常不协同#	不协同#	一般协同	不协同#	高度协同
粤港澳	广东	非常不协同#	非常不协同#	不协同#	一般协同	非常不协同#	高度协同

（续表）

地区	省份	学前教育	小学教育	初中教育	普通高中	中职	高等教育
海南自贸港	海南	一般协同	非常不协同#	非常不协同#	高度协同	非常不协同#	非常不协同#
西南地区	重庆	非常不协同#	不协同	非常不协同#	非常不协同	非常不协同#	非常不协同#
	四川	不协同#	一般协同	一般协同	高度协同	一般协同	不协同*
	贵州	一般协同	高度协同	高度协同	高度协同	高度协同	完全协同
	云南	高度协同	一般协同	高度协同	高度协同	高度协同	高度协同
	西藏	非常不协同*	非常不协同*	不协同*	非常不协同#	非常不协同*	高度协同
	广西	不协同#	不协同#	一般协同	不协同#	不协同#	完全协同
西北地区	陕西	一般协同	完全协同	高度协同	一般协同	高度协同	一般协同
	甘肃	高度协同	高度协同	高度协同	高度协同	一般协同	高度协同
	青海	不协同*	非常不协同*	非常不协同*	非常不协同*	非常不协同#	一般协同
	宁夏	一般协同	高度协同	不协同#	高度协同	不协同#	非常不协同#
	新疆	非常不协同#	一般协同	高度协同	高度协同	不协同#	非常不协同#
	内蒙古	高度协同	完全协同	一般协同	一般协同	高度协同	非常不协同#

附录 5 各省（直辖市/自治区）教育与文化健康的协同性

	省份	学前教育	小学教育	初中教育	普通高中	中职	高等教育
京津冀	北京	完全协同	完全协同	高度协同	完全协同	完全协同	完全协同
	天津	高度协同	一般协同	高度协同	完全协同	高度协同	不协同#
	河北	完全协同	高度协同	高度协同	完全协同	高度协同	不协同*
东北三省	辽宁	完全协同	高度协同	一般协同	一般协同	高度协同	高度协同
	吉林	高度协同	一般协同	一般协同	非常不协同#	不协同*	高度协同
	黑龙江	一般协同	一般协同	高度协同	不协同#	高度协同	一般协同
长三角	上海	完全协同	高度协同	完全协同	完全协同	完全协同	高度协同
	江苏	高度协同	不协同#	完全协同	完全协同	完全协同	高度协同
	浙江	高度协同	高度协同	高度协同	完全协同	一般协同	高度协同
	安徽	不协同#	高度协同	高度协同	高度协同	高度协同	高度协同
粤港澳	广东	不协同#	非常不协同#	完全协同	完全协同	一般协同	完全协同
海南自贸港	海南	高度协同	非常不协同#	不协同#	一般协同	不协同#	非常不协同#
西南地区	重庆	不协同#	完全协同	非常不协同#	不协同#	一般协同	一般协同
	四川	高度协同	高度协同	完全协同	不协同*	完全协同	非常不协同*
	贵州	一般协同	不协同*	一般协同	高度协同	高度协同	完全协同
	云南	一般协同	非常不协同*	高度协同	一般协同	高度协同	不协同#
	西藏	一般协同	高度协同	高度协同	高度协同	非常不协同*	一般协同
	广西	高度协同	高度协同	高度协同	高度协同	高度协同	一般协同

（续表）

	省份	学前教育	小学教育	初中教育	普通高中	中职	高等教育
西北地区	陕西	高度协同	不协同≠	高度协同	高度协同	一般协同	高度协同
	甘肃	高度协同	高度协同	完全协同	高度协同	一般协同	高度协同
	青海	不协同*	非常不协同*	非常不协同*	非常不协同*	高度协同	一般协同
	宁夏	高度协同	完全协同	一般协同	不协同≠	一般协同	非常不协同
	新疆	高度协同	高度协同	一般协同	一般协同	完全协同	一般协同
	内蒙古	非常不协同*	非常不协同*	一般协同	一般协同	不协同*	一般协同

附录 6 各省（直辖市/自治区）教育与人口发展的协同性

	省份	学前教育	小学教育	初中教育	普通高中	中职	高等教育
京津冀	北京	完全协同	完全协同	高度协同	完全协同	完全协同	完全协同
	天津	高度协同	一般协同	一般协同	高度协同	高度协同	不协同≠
	河北	非常不协同≠	非常不协同≠	非常不协同≠	非常不协同≠	不协同≠	高度协同
东北三省	辽宁	完全协同	高度协同	一般协同	一般协同	高度协同	高度协同
	吉林	高度协同	完全协同	高度协同	非常不协同≠	高度协同	一般协同
	黑龙江	完全协同	完全协同	一般协同	非常不协同≠	高度协同	高度协同

(续表)

	省份	学前教育	小学教育	初中教育	普通高中	中职	高等教育
长三角	上海	高度协同	完全协同	高度协同	高度协同	高度协同	完全协同
	江苏	高度协同	不协同#	完全协同	完全协同	完全协同	高度协同
	浙江	高度协同	高度协同	高度协同	完全协同	一般协同	高度协同
	安徽	不协同#	一般协同	高度协同	高度协同	高度协同	一般协同
粤港澳	广东	高度协同	不协同#	高度协同	一般协同	高度协同	不协同*
海南自贸港	海南	一般协同	高度协同	高度协同	非常不协同*	高度协同	不协同*
西南地区	重庆	高度协同	一般协同	不协同#	一般协同	完全协同	高度协同
	四川	不协同#	不协同#	一般协同	高度协同	一般协同	不协同*
	贵州	一般协同	一般协同	高度协同	高度协同	高度协同	高度协同
	云南	高度协同	一般协同	高度协同	高度协同	一般协同	高度协同
	西藏	非常不协同*	非常不协同*	不协同*	非常不协同*	非常不协同*	完全协同
	广西	高度协同	一般协同	一般协同	完全协同	一般协同	高度协同
西北地区	陕西	高度协同	高度协同	完全协同	高度协同	一般协同	完全协同
	甘肃	高度协同	非常不协同*	非常不协同*	非常不协同*	高度协同	高度协同
	青海	不协同*	高度协同	高度协同	完全协同	高度协同	一般协同
	宁夏	一般协同	不协同*	高度协同	高度协同	高度协同	高度协同

(续表)

	省份	学前教育	小学教育	初中教育	普通高中	中职	高等教育
	新疆	高度协同	一般协同	非常不协同*	非常不协同*	一般协同	高度协同
	内蒙古	非常不协同*	不协同*	一般协同	一般协同	一般协同	不协同#

附录7　各省(直辖市/自治区)教育与医疗卫生的协同性

	省份	学前教育	小学教育	初中教育	普通高中	中职	高等教育
京津冀	北京	完全协同	完全协同	高度协同	完全协同	完全协同	完全协同
	天津	非常不协同*	不协同*	非常不协同*	非常不协同*	非常不协同*	一般协同
	河北	高度协同	不协同#	一般协同	完全协同	完全协同	高度协同
东北三省	辽宁	一般协同	不协同#	完全协同	非常不协同#	一般协同	高度协同
	吉林	一般协同*	不协同*	一般协同*	一般协同	非常不协同*	一般协同
	黑龙江	一般协同*	一般协同	不协同*	非常不协同#	高度协同	一般协同
长三角	上海	不协同*	一般协同	不协同*	不协同*	不协同*	一般协同
	江苏	不协同*	完全协同	一般协同	不协同*	一般协同	不协同*
	浙江	高度协同	一般协同	高度协同	高度协同	高度协同	高度协同
	安徽	高度协同	高度协同	不协同*	非常不协同*	不协同*	非常不协同*
粤港澳	广东	不协同*	高度协同	非常不协同*	非常不协同*	不协同*	非常不协同*

（续表）

	省份	学前教育	小学教育	初中教育	普通高中	中职	高等教育
海南自贸港	海南	一般协同	高度协同	高度协同	非常不协同*	高度协同	一般协同
西南地区	重庆	一般协同	高度协同	非常不协同#	一般协同	高度协同	高度协同
	四川	非常不协同#	不协同#	不协同#	完全协同	不协同#	一般协同
	贵州	高度协同	非常不协同#	一般协同	不协同#	一般协同	不协同#
	云南	完全协同	高度协同	高度协同	完全协同	一般协同	高度协同
	西藏	非常不协同*	非常不协同*	不协同*	非常不协同*	非常不协同#	不协同*
	广西	高度协同	完全协同	高度协同	高度协同	完全协同	一般协同
	陕西	不协同#	非常不协同#	不协同#	一般协同	不协同*	一般协同
西北地区	甘肃	高度协同	一般协同	一般协同	一般协同	非常不协同#	非常不协同#
	青海	不协同#	高度协同	不协同#	一般协同	不协同#	非常不协同#
	宁夏	一般协同	非常不协同#	非常不协同#	非常不协同#	非常不协同#	非常不协同#
	新疆	非常不协同#	一般协同	完全协同	完全协同	高度协同	非常不协同#
	内蒙古	一般协同					